Amiens
La cathédrale Notre-Dame

par Philippe Plagnieux
maître de conférences à l'université Paris-X-Nanterre

photographies de Patrick Müller

Amiens
La cathédrale Notre-Dame

Commencée en 1220 selon des proportions gigantesques et pratiquement achevée moins d'un demi-siècle plus tard, la cathédrale✦ Notre-Dame d'Amiens est la troisième des grandes cathédrales du XIIIe siècle bâties au nord de la France, après Notre-Dame de Chartres et Notre-Dame de Reims. C'est aussi la plus longue – 145 mètres – et la plus haute – 42,30 mètres – après Saint-Pierre de Beauvais. Classée au patrimoine mondial de l'humanité par l'Unesco en 1981, elle doit sa célébrité autant à la beauté de son architecture qu'à son remarquable ensemble sculpté.

Une récente restauration au laser a d'ailleurs remis à l'honneur la statuaire, révélant la polychromie ancienne des portails✦ de la façade occidentale du XIIIe siècle. Le monument conserve également l'essentiel de ses œuvres d'art et de son mobilier, notamment de magnifiques stalles sculptées à la fin du Moyen Âge.

côté sud et le chevet
a cathédrale
uis la tour Perret.

Les termes suivis d'un quadrilobe* sont expliqués dans le glossaire en fin d'ouvrage.

Histoire
7 Avant la cathédrale gothique
9 La cathédrale du XIIIe siècle
13 Les Temps modernes
15 Le temps des restaurations

Extérieur
21 Nef
35 Transept et chevet
39 Quartiers canonial et épiscopal

Intérieur
43 Nef
47 Transept et chevet
51 Décor et mobilier
83 Trésor

Annexes
89 Glossaire
92 Chronologie
94 Bibliographie

Avant la cathédrale gothique

2

Les origines chrétiennes d'Amiens se perdent dans la légende apostolique✦. Selon les textes hagiographiques✦, en réalité tardifs et dépourvus d'authenticité, l'Église d'Amiens aurait été fondée au IIIe siècle par l'évêque✦ Firmin, disciple de saint Saturnin de Toulouse. Après avoir subi le martyre, il aurait été inhumé par son successeur immédiat, un autre Firmin. Alors que l'histoire de ces deux saints est inconnue, les auteurs du Moyen Âge la rédigent afin d'auréoler leur ville de la gloire des premiers martyrs. Pour éviter les confusions, le premier est appelé « saint Firmin le Martyr », et le second « saint Firmin le Confesseur ».
L'existence d'une communauté chrétienne est avérée seulement au IVe siècle. C'est à Amiens durant son service militaire que saint Martin reçoit le baptême, vers 334, et qu'il partage son manteau avec un pauvre. L'existence d'un évêque, Eulogius, est également attestée dans la cité par un document daté de 346. Ce premier établissement chrétien disparaît lors des incursions brutales des Vandales, des Alains et des Suèves, barbares païens qui déferlent sur la Picardie en 407. L'évangélisation recommence à la fin du Ve siècle, grâce à l'impulsion de saint Remi, évêque de Reims, et surtout à la suite de la conversion de Clovis, en 498 ou 499. Ebidus, présent à un concile en 511, est le premier évêque attesté par les textes à la suite d'Eulogius.
Faute de textes et de fouilles archéologiques, les origines de la cathédrale sont peu documentées. Selon un schéma répandu, l'ensemble cathédral✦, bâti à l'intérieur des remparts de la cité et correspondant à l'emplacement de l'actuel monument gothique, se compose de deux édifices cultuels : le premier, dédié à saint Pierre et à saint Paul, par la suite à saint Firmin le Confesseur ; le second, consacré à Notre-Dame et à saint Firmin le Martyr. Plus tard, le patronage de saint Firmin le Martyr remplace celui de saint Firmin le Confesseur pour la première église qui assure les fonctions paroissiales. À la suite d'un incendie qui détruit une grande partie de la ville, une cathédrale romane est construite entre 1137 et 1152. C'est dans ce monument que sont célébrées en 1193 les noces de Philippe Auguste, roi de France, avec la princesse danoise Ingeburge. L'église, qui conserve déjà les ossements des principaux saints locaux (Fuscien, Victoric et Gentien entre autres), voit son prestige s'accroître de façon spectaculaire avec l'arrivée, en 1206, du chef✦ de saint Jean Baptiste. À l'origine de l'un des plus importants pèlerinages du nord de la France durant tout le Moyen Âge, cette insigne relique prise à Constantinople constitua l'une des principales sources de revenus de la cathédrale.

Page 4 :
Temple illustre de lumière éternelle, par Adrien Prieur, peinture sur bois, 1605 (Amiens, musée de Picardie).

Derrière la Vierge à l'Enfant, qui domine Henri IV, la façade occidentale de la cathédrale.

1. *Translation à Amiens des reliques de saint Firmin.*

Détail du huitième grand sujet en haut relief de la clôture du chœur (collatéral sud) consacrée à l'histoire de saint Firmin ; haut-relief polychrome sculpté vers 1530, mutilé en 1793 et restauré en 1838 par Théophile Caudron.

2. Couvercle du *Chef de saint Jean Baptiste*, reliquaire exécuté par Placide Poussielgue-Rusand (1876), conservé dans le trésor de la cathédrale.

Argent repoussé doré, argent doré moulé, émaux, pierres semi-précieuses, cristal de roche.

La cathédrale du XIIIe siècle

1. La croisée en étoile, les bras nord et sud du transept, le vaisseau central de la nef.

2. Vue perspective de la charpente du vaisseau central de la nef.

Tout l'ensemble a été monté en chêne au début du XIVe siècle.

La cathédrale romane est de nouveau la proie des flammes en 1218. L'architecte Robert de Luzarches élabore aussitôt un autre projet. Deux ans plus tard, en 1220, l'évêque Évrard de Fouilloy pose la première pierre. Les textes, les études archéologiques ainsi que la datation par la dendrochronologie ✦ permettent de suivre les grandes étapes du chantier. La construction semble avoir commencé par la croisée du transept ✦ pour progresser rapidement du côté de la nef ✦, probablement terminée vers 1240, alors que le chevet ✦ n'est achevé qu'en 1269, selon la date portée sur la verrière de la fenêtre d'axe. Afin de ne pas gêner la nouvelle cathédrale, conçue selon des proportions gigantesques – plus de 133 mètres de long –, la vieille église Saint-Firmin, située alors là où se trouve l'actuel bras nord du transept, est détruite pour être reconstruite à l'emplacement de l'hôtel-Dieu ✦. Ce dernier est transféré dans le quartier Saint-Leu, grâce à l'appui du roi qui doit mettre fin à des contestations juridiques et à l'opposition de la population.

Le chantier médiéval

Pour accélérer le chantier et abaisser les coûts, le maître ✦ d'œuvre d'Amiens révolutionne les méthodes de construction en systématisant le travail en série. Il emploie en outre un nombre restreint de types de pierre au format standardisé. La charpente définitive est mise en place sur le haut vaisseau quelque temps après l'achèvement du gros œuvre en 1269. Comme le confirme l'analyse dendrochronologique, elle est remarquablement homogène sur l'ensemble de l'édifice, à l'exception de la croisée du transept, foudroyée en 1528. La pose des bois débute par le chevet en 1284-1285, se poursuit par les bras du transept entre 1293 et 1298, et s'achève par la nef entre 1300 et 1305.

En 1497, les quatre piliers de la croisée du transept ainsi que les deux premiers du chevet, du côté gauche, commencent à présenter des signes de péril. En dépit des travaux de restauration, l'année suivante, un groupe d'experts comprenant Pierre Tarisel, le maître ✦ maçon de la cathédrale, constate de nouveaux désordres. On doit poser dans le triforium ✦ un chaînage, toujours en place aujourd'hui. Aussi la ville accorde-t-elle aux chanoines ✦ en 1498 un droit de passage pour le blé qu'ils désirent vendre afin d'acheter en Espagne le fer nécessaire à la confection de cette chaîne. Pierre Tarisel doit encore intervenir en 1503 pour restaurer certaines parties à l'entrée du chœur ✦.

1. La grande rose de la façade occidentale.

Refaite au début du XVIe siècle, elle porte en son centre les armes parlantes – trois coqs – du donateur.

2. Portail du bras sud du transept, dit « de la Vierge dorée », photographie anonyme, vers 1855 (Paris, MAP).

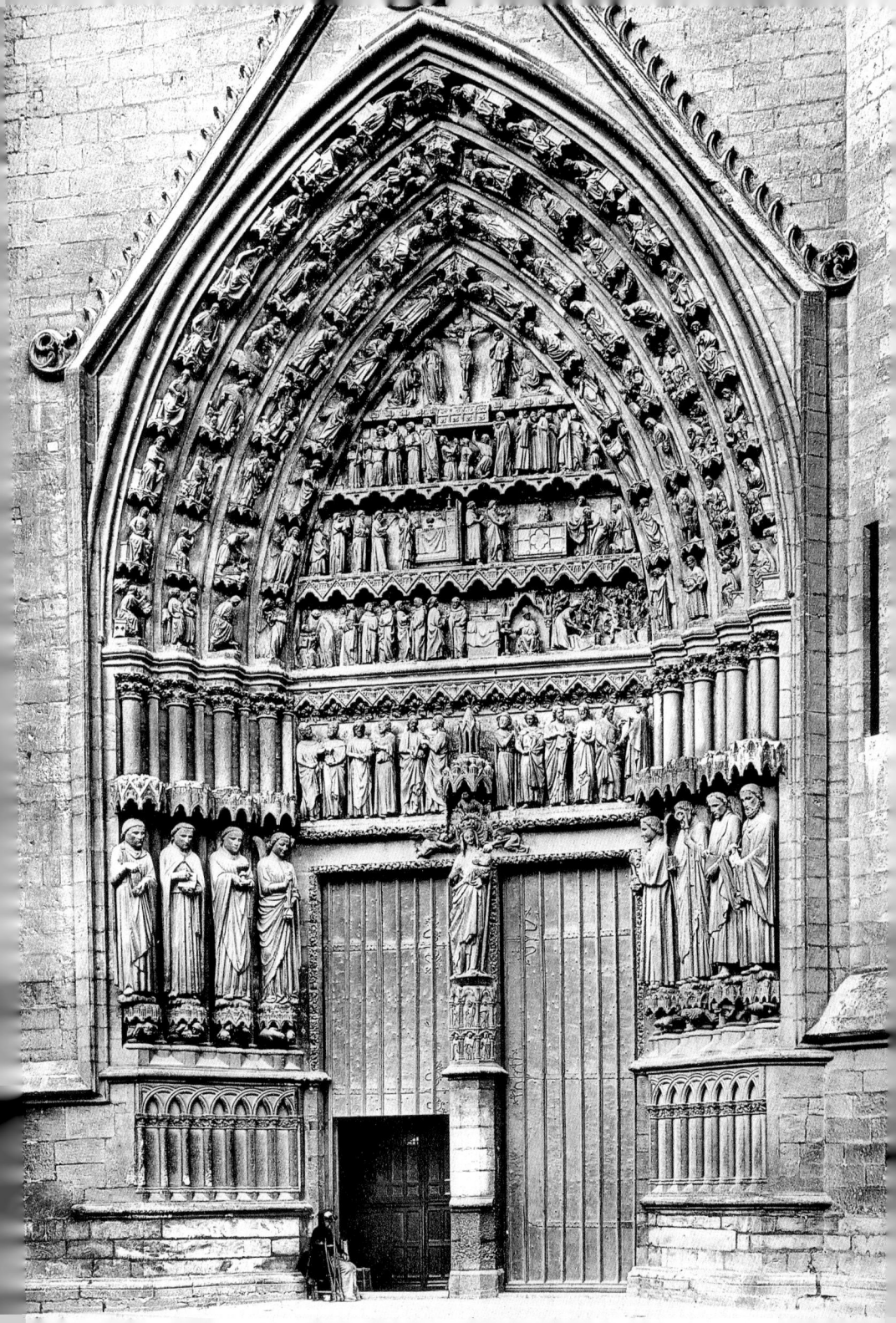

Les Temps modernes

1. La chaire à prêcher, côté nord du grand vaisseau de la nef.

Exécutée en bois peint et doré en 1773, elle se compose d'un escalier tournant, des statues représentant la Foi, l'Espérance et la Charité qui supportent la cuve, d'une draperie soulevée par des anges, de l'abat-voix sur lequel un ange montre le ciel en tenant la loi : *Hoc fac et vives* (Fais ceci et tu vivras).

2. « Coupe suivant le transept », dessin anonyme à la plume, « terminé le jour de la fête de la saint Marc » 1727 (Amiens, musée de Picardie).

On peut voir, devant le chœur, l'ancien jubé gothique abattu en 1755.

À partir du XVIe siècle, l'édifice est à plusieurs reprises victime de catastrophes – incendies, ouragans et même explosion d'un moulin à poudre en 1675 – ou l'objet de campagnes de modernisation qui entraînent parfois d'importants remaniements. Ainsi la grande rose✦ de la façade occidentale est-elle refaite au XVIe siècle dans le style gothique flamboyant, caractérisé par un dessin en forme de courbes et contre-courbes. Offerte par le maire d'Amiens de l'époque, Jean Coquerelle, elle s'orne de ses armes – trois coqs –, sculptées à l'extérieur, sur la pierre centrale.

À partir du milieu du XVIIIe siècle, d'importants travaux d'aménagement et de modernisation modifient l'organisation du sanctuaire✦ afin d'appliquer les prescriptions du concile✦ de Trente et de permettre aux fidèles de contempler l'autel. Des grilles en fer forgé remplacent le jubé✦ du XIIIe siècle, tandis que le nouveau maître-autel✦ fait disparaître la poutre de lumière à douze candélabres et les tréteaux qui portaient les huit châsses contenant les reliques des saints du diocèse. Enfin, en 1768, les chanoines décident de faire abattre les maisons qui s'appuient contre les murs de la cathédrale. Ils entreprennent, également au XVIIIe siècle, une importante campagne de travaux, dont la réparation d'un grand nombre d'arcs-boutants✦ de la nef, appelés « côtes de baleine » dans les textes anciens.

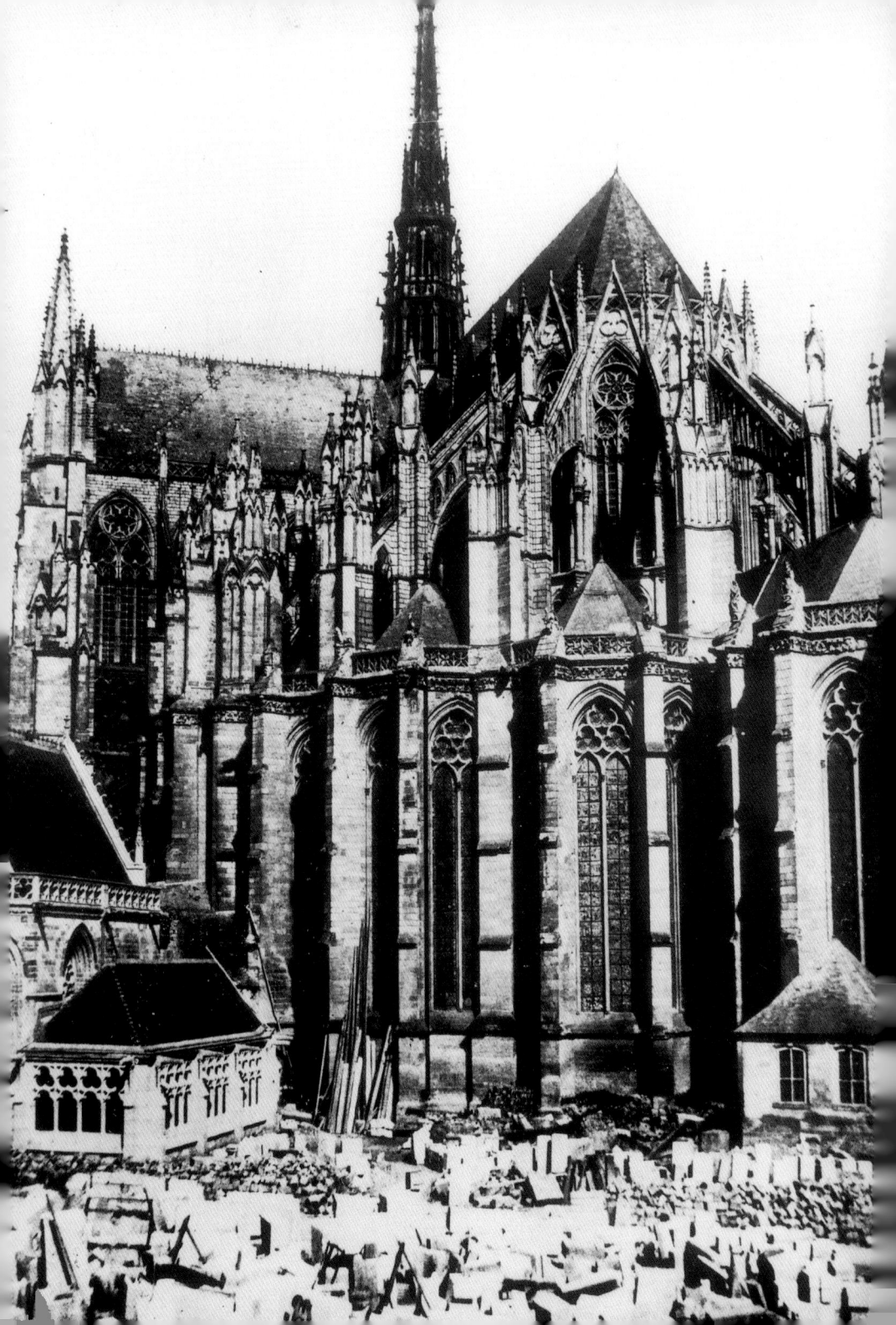

Le temps des restaurations

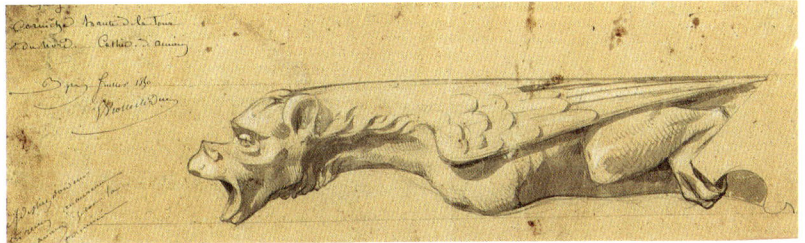

Au sortir de la Révolution, l'édifice réclame de nouvelles restaurations. Dès 1810, l'architecte Étienne Hyppolyte Godde (1781-1869), formé à l'école néoclassique, est chargé du monument ; il est bientôt épaulé par François Auguste Cheussey (1781-1857), qui supervise l'essentiel des travaux. En 1821, Cheussey remplace Godde. En plus du gros œuvre, les restaurateurs du XIXe siècle doivent se confronter à d'autres problèmes, notamment à celui de la statuaire mutilée lors de la Révolution. Cheussey prévoit de la restaurer dès 1838, en confiant la réalisation à trois sculpteurs : Théophile Caudron et les frères Louis (1807-1874) et Aimé (1803-1869) Duthoit. Plus soucieux du style que de l'iconographie, l'architecte essuie les critiques des érudits amiénois qui l'accusent d'erreurs graves, comme celle d'avoir placé des têtes d'évêques sur des corps de maîtres d'école. Lassé de ces querelles largement retransmises par la presse, Cheussey démissionne en 1848. Il est remplacé dès 1849 par Eugène Viollet-le-Duc (1814-1879), chargé par décision spéciale d'élaborer le projet de restauration de la cathédrale.

Au XXe siècle, les vitraux sont déposés à la veille des deux guerres mondiales durant lesquelles la cathédrale est relativement épargnée. Seules les couvertures des chapelles nécessitent une restauration en 1920. Les travaux de restauration et d'entretien de l'édifice se poursuivent : la dernière campagne menée en 2000 sur la façade occidentale a, pour la première fois, utilisé sur une grande échelle la technique de la désincrustation photonique au laser pour le nettoyage de la sculpture des portails. Cela a permis de retrouver, sous l'épaisse couche de crasse, de nombreux témoignages de la polychromie originale.

1. Le chevet ; au premier plan, le chantier de restauration commencé en 1850 ; photographie Henri Le Secq, 1852 (Paris, musée des Arts décoratifs).

2. Gargouille de la corniche haute de la tour nord, proposition visée par Viollet-le-Duc, dessin à la plume et rehauts de gouache, juillet 1850 (Paris, MAP).

3. Sacs de sable entassés destinés à protéger les piliers de la nef contre d'éventuels dommages de guerre, photographie Mas, novembre 1939 (Paris, MAP).

1. Tête formant console dans la chapelle axiale de la Vierge, derrière le tabernacle.

Parmi les figures exécutées en 1859 dans le goût du XIIIe siècle, on reconnaît celle de l'architecte Viollet-le-Duc.

2. La façade occidentale vue de nuit.

Des projections lumineuses restituent la polychromie d'origine des trois porches et de la galerie des Rois (création Skertzò, 2000).

Viollet-le-Duc et les frères Duthoit

Avec l'écrivain Prosper Mérimée (1803-1870), Viollet-le-Duc est indissociablement lié à la création de l'administration des Monuments historiques. Pour lui, la cathédrale d'Amiens représente « l'église gothique par excellence ». Il ne cesse de s'occuper personnellement de sa restauration, de 1849 à 1874, et se réfère à cette cathédrale dans toutes ses publications. Cela ne l'empêche pas de prendre des libertés avec l'archéologie. Il adapte la façade à ses vues en modifiant l'arcature ✦ de la galerie des Rois et le dessin de la galerie des Sonneurs – il reconstruit la seconde, qui datait du XVe siècle, selon un modèle inspiré par la cathédrale de Chartres.

Attachés aux travaux de la cathédrale avant même de devenir les principaux collaborateurs de Viollet-le-Duc, les frères Duthoit occupent une place privilégiée dans la restauration de la statuaire d'Amiens. Descendants d'une lignée d'artisans sculpteurs lillois – leur grand-père s'installa à Amiens à la veille de la Révolution –, les deux frères reprennent l'atelier de sculpture paternel. Tout en poursuivant une œuvre personnelle, ils se spécialisent dans la copie et la restauration de la sculpture médiévale pour devenir les chefs de file du courant néogothique en Picardie. Alors que Louis exécute de préférence les figures, Aimé réalise surtout les ornements.

Histoire

7   Avant la cathédrale gothique
9   La cathédrale du XIIIe siècle
13 Les Temps modernes
15 Le temps des restaurations

Extérieur

21 Nef
21 La façade occidentale
22 Le portail du Jugement dernier, dit « du Beau Dieu »
26 Le portail de la Vierge, dit « de la Mère Dieu »
28 Le portail Saint-Firmin
32 Les bas-côtés
32 Le portail Saint-Christophe et les chapelles latérales
33 Le Beau Pilier
35 Transept et chevet
35 Les portails nord et sud
36 La flèche
37 Le chevet
39 Quartiers canonial et épiscopal

Intérieur

43 Nef
47 Transept et chevet
51 Décor et mobilier
83 Trésor

Annexes

89 Glossaire
92 Chronologie
94 Bibliographie

Nef

La façade occidentale

Le chantier de la façade débute vers 1225 et le niveau de la rose est achevé vers 1240. La construction avance ensuite lentement : le dernier étage de la tour nord n'est achevé qu'à l'extrême fin du Moyen Âge. Il s'agit d'une façade à deux tours frontispice où les registres✦ se superposent. Les portails sont surmontés de deux galeries superposées – la seconde étant la galerie des Rois, dont les statues datent presque toutes des restaurations menées par Viollet-le-Duc. Vient ensuite le niveau de la rose, dont le réseau✦ date du XVIe siècle et qui supporte, tendue entre les deux tours, la galerie des Sonneurs ou des Musiciens, pratiquement reconstruite au XIXe siècle. Couverts par des voûtes✦ en berceau✦ brisé lancées entre les contreforts✦, les trois porches✦, en forte saillie, abritent les portails. Malgré l'absence de communication entre les entrées, les reliefs des médaillons quadrilobés✦ du soubassement ainsi que les grandes statues de prophètes des contreforts, soit frontales soit placées dans les angles, confèrent à cet ensemble sculpté entre 1230 et 1240 une parfaite homogénéité.

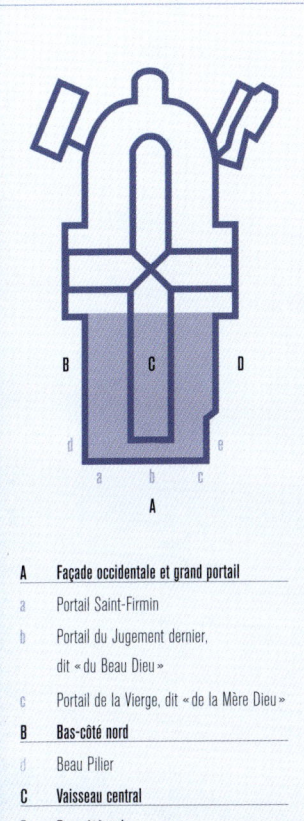

A	Façade occidentale et grand portail
a	Portail Saint-Firmin
b	Portail du Jugement dernier, dit « du Beau Dieu »
c	Portail de la Vierge, dit « de la Mère Dieu »
B	**Bas-côté nord**
d	Beau Pilier
C	**Vaisseau central**
D	**Bas-côté sud**
e	Portail Saint-Christophe

Page 18 :
figure du Christ,
dit « Beau Dieu »
d'Amiens (détail),
partie supérieure
du trumeau.

Ci-contre :
La façade occidentale.

De bas en haut :
les trois porches
du grand portail,
les deux galeries
superposées dont celle
des Rois, la grande
rose, la galerie
des Sonneurs ou
des Musiciens, les deux
tours-clochers.
À gauche, le Beau Pilier.

Le portail du Jugement dernier, dit « du Beau Dieu »[b]

1 **Tympan**
De bas en haut
Jugement dernier :
Résurrection, le Souverain
Juge à son tribunal,
Apparition du Fils de l'homme

2 **Linteau**
Séparation des élus
et des réprouvés

3 **Trumeau**
Supérieur
Beau Dieu d'Amiens
Inférieur
Roi déroulant une banderole
Piédroits
Gauche
Vierges sages
Droite
Vierges folles

4 **Ébrasements**
De l'intérieur vers l'extérieur
Gauche
Les saints apôtres Paul,
Jacques le Mineur, Thomas,
Mathieu [?], Philippe,
Simon ou Jude
Droite
Les saints apôtres Pierre,
André, Jacques le Majeur,
Jean, Simon ou Jude,
Barthélemy [?]

5 **Piédroits séparatifs**
Gauche (de droite à gauche)
Nahum
Habacuc
Sophonie
Droite (de gauche à droite)
Michée
Jonas
Abdias

6 **Piédroits**
Gauche
Les grands prophètes
Ézéchiel et Daniel
Droite
Les grands prophètes Isaïe
et Jérémie

7 **Soubassements**
De l'intérieur vers l'extérieur
Supérieur
Les Vertus
Gauche
Foi, Espérance, Charité,
Pureté, Prudence
ou Sagesse, Humilité
Droite
Courage, Patience, Douceur,
Concorde, Obéissance,
Persévérance ou Constance
Inférieur
Les Vices
Gauche
Idolâtrie, Désespoir, Avarice,
Luxure, Folie, Orgueil
Droite
Peur, Impatience

8 **Voussures**
De bas en haut
Anges, âmes des élus
portées par des anges,
martyrs, confesseurs,
Vierges et saintes femmes,
vieillards de l'Apocalypse,
Arbre de Jessé, patriarches
de l'ancienne Loi

1

2

3

1. Statues d'apôtres et de prophètes ornant l'ébrasement, le piédroit et le piédroit séparatif du côté nord.

2. Médaillon quadrilobé du soubassement (côté gauche) représentant l'Espérance.

3. Le Souverain Juge à son tribunal, deuxième registre du tympan du Jugement dernier.

Pages suivantes : à gauche, statues d'apôtres de l'ébrasement nord du portail du Jugement dernier ; à droite, le Christ du tympan du portail du Jugement dernier, dit «du Beau Dieu».

On peut voir au niveau des yeux des vestiges de la polychromie du XIIIe siècle.

Le portail du Jugement dernier, dit «du Beau Dieu»

Divisé en registres, le tympan✦ du portail central représente le Jugement dernier. À la partie supérieure apparaît le Christ juge, qu'accompagnent des anges tenant les instruments de la Passion. Le récent nettoyage permet de voir les stigmates✦ peints sur les mains du Christ. À ses côtés, la Vierge et saint Jean plaident pour le salut des hommes. Au centre, le cortège situé à la droite du Christ se dirige vers le paradis tandis qu'à sa gauche celui des damnés est poussé dans la gueule de l'enfer. À la partie basse, les morts ressuscitent au son de la trompette alors qu'au milieu d'eux saint Michel pèse les âmes. Une telle iconographie est fréquemment utilisée à cette époque ; on doit cependant noter certaines innovations dues à l'influence grandissante des ordres mendiants dont l'implantation est favorisée à Amiens par l'évêque Arnoul de la Pierre (1236-1247). Désigné du doigt par saint Pierre, saint François d'Assise en costume de franciscain, pieds nus, entre le premier au paradis. Il s'agit ici, pour un tel programme, de l'une des plus anciennes représentations en France du saint – canonisé peu de temps auparavant, en 1228. Selon une formule apparue à la cathédrale de Chartres un peu antérieurement, le Christ – le célèbre «Beau Dieu» d'Amiens – figure sur le trumeau✦ entre les apôtres placés dans les ébrasements✦.

Le portail de la Vierge, dit «de la Mère Dieu» [c]

1 **Tympan**
   Supérieur
   Couronnement de la Vierge
   Inférieur gauche
   Dormition
   Inférieur droite
   Assomption

2 **Linteau**
   Six personnages de l'Ancien Testament

3 **Trumeau**
   Supérieur
   Vierge Marie tenant l'Enfant Jésus
   Inférieur
   Histoire d'Adam et Ève :
   création de l'homme, création de la femme, défense de manger du fruit, le péché, Adam et Ève expulsés du paradis, Adam et Ève au travail

4 **Piédroits séparatifs**
   Gauche (de droite à gauche)
   Abdias, Jonas, Michée
   Droite (de gauche à droite)
   Amos, Joël, Osée

5 **Ébrasements**
   De l'intérieur vers l'extérieur
   Gauche
   Les Rois mages Gaspard, Melchior et Balthazar
   Hérode, Salomon et la reine de Saba
   Droite
   Annonciation (Gabriel, Marie)
   Visitation (Élisabeth, Marie)
   Présentation au Temple ou Purification (Siméon, Marie tenant l'Enfant Jésus)

6 **Soubassements**
   Gauche
   Sous les Mages et Hérode
   Histoire des Rois mages : l'étoile de Balaam, Michée faisant sa prophétie à Bethléem, les Mages devant Hérode, massacre des Innocents, les Mages avertis en songe de retourner par un autre chemin, les Mages voyageant sur le bateau des habitants de Tharsis, les vaisseaux des habitants de Tharsis brûlés par ordre d'Hérode, Hérode donnant l'ordre de brûler les vaisseaux des habitants de Tharsis
   Sous Salomon et la reine de Saba
   Réception de la reine de Saba par Salomon, Salomon sur son trône, Salomon assis à table, Salomon en prière devant le Temple, Salomon montrant ses splendeurs à la reine de Saba
   Droite
   Sous l'Annonciation
   La pierre détachée de la montagne, le buisson ardent, la toison de Gédéon, la verge d'Aaron
   Sous la Visitation
   Nativité de saint Jean Baptiste : l'ange annonce à Zacharie la future naissance de Jean, Zacharie rendu muet en châtiment de son incrédulité, naissance de saint Jean, Zacharie écrit sur ses tablettes le nom de Jean
   Sous la Purification
   Enfance du Christ : fuite en Égypte, chute des idoles à l'approche de Jésus en Égypte, Jésus au milieu des docteurs, retour de l'Enfant Jésus à Nazareth

7 **Voussures**
   Anges tenant des encensoirs et des chandeliers, rois de Juda, ancêtres de Marie et autres ancêtres non couronnés

1. Trumeau, ébrasements et voussures.

2. Médaillon quadrilobé du soubassement (côté gauche) représentant le massacre des Innocents.

3. Linteau et tympan à deux registres : six personnages de l'Ancien Testament, *Dormition* et *Assomption*, *Couronnement de la Vierge*.

Le portail de la Vierge, dit « de la Mère Dieu »

Le portail de droite présente un programme en l'honneur de la Vierge, en partie inspiré de Notre-Dame de Paris. Le trumeau figure Marie en tant que nouvelle Ève ; elle foule un serpent à tête féminine. Les reliefs du socle illustrent le péché originel. Les statues des ébrasements figurent, à gauche, des rois et une reine de l'Ancien Testament et, à droite, par groupes de deux, les principaux épisodes de la vie de Marie, mère de Dieu.

Le tympan illustre le triomphe de Marie, qui était devenue au XIIIe siècle l'intercesseur privilégié et la mère de tous les fidèles : des patriarches et des rois déroulent un phylactère✦ de part et d'autre du tabernacle✦ orné d'une Arche✦ d'alliance – considérée comme une préfiguration de la Vierge admise corporellement au paradis ; les scènes du dessus représentent sa dormition, son assomption puis son couronnement au paradis.

Le portail Saint-Firmin [a]

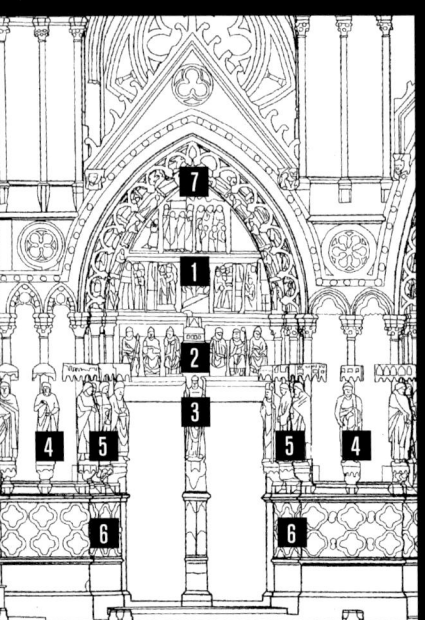

1 **Tympan**
De bas en haut
Invention du corps de saint Firmin, translation à Amiens des restes de saint Firmin

2 **Linteau**
Six évêques assis sur un banc

3 **Trumeau**
Saint Firmin

4 **Piédroits séparatifs**
De l'intérieur vers l'extérieur
Gauche
Aggaée
Zacharie
Malachie
Droite
Sophonie
Hababuc
Nahum

5 **Ébrasements**
Gauche
Saint Honoré, ange thuriféraire, saint Ache, saint Acheul, ange déroulant une banderole, sainte Ulphe
Droite
Saint Firmin le Confesseur, saint Domice, un évêque, saint Fuscien, saint Warlus, saint Luxor

6 **Soubassements**
Supérieur
Droite (de l'intérieur vers l'extérieur)
Capricorne, Verseau, Poissons, Bélier, Taureau, Gémeaux
Gauche (de l'extérieur vers l'intérieur)
Cancer, Lion, Vierge, Balance, Scorpion, Sagittaire
Inférieur
Droite (de l'intérieur vers l'extérieur)
Décembre (abattage des porcs), janvier (personne de qualité se faisant servir à table), février (homme se chauffant en faisant griller un poisson), mars (culture de la vigne), avril (fauconnier), mai (personnage admirant le renouveau de la végétation)
Gauche (de l'extérieur vers l'intérieur)
Juin (fenaison), juillet (moisson), août (battage du grain), septembre (cueillette des fruits), octobre (fabrication du vin), novembre (semailles)

7 **Voussures**
Anges tenant couronnes, chandeliers, bénitiers, livres et encensoirs

1. Statues
de saints locaux
de l'ébrasement sud.

2. Médaillon
quadrilobé
du soubassement
(côté droit)
représentant
les Gémeaux.

3. Linteau et tympan
à deux registres :
six évêques,
*Invention du corps
de saint Firmin*
et *Translation
à Amiens des restes
de saint Firmin*.

Le portail Saint-Firmin

Le portail de gauche est consacré à l'hagiographie locale. Le tympan déroule avec un luxe de détails la translation des restes de saint Firmin le Martyr depuis sa sépulture jusqu'à l'intérieur de la ville. Au registre inférieur, un signe du ciel permet la découverte de la tombe ; elle exhale une odeur suave afin d'avertir les habitants des évêchés environnants de Thérouanne, Beauvais, Noyon et Cambrai.
Au registre supérieur, le corps du saint entre triomphalement dans Amiens alors que les plantes se mettent à refleurir en plein hiver.
Quant aux douze statues des ébrasements qui entourent celle du trumeau – représentant saint Firmin –, elles ne sont pas toutes identifiées de façon certaine mais elles figurent des saints particulièrement vénérés dans le diocèse.

Soubassement de gauche du portail Saint-Firmin.

Dans le registre supérieur, les signes du zodiaque et, dans le registre inférieur, les mois de l'année.

Soubassement de droite du portail Saint-Firmin.

Dans le registre supérieur, les signes du zodiaque et, dans le registre inférieur, les mois de l'année.

Les bas-côtés

Le portail Saint-Christophe et les chapelles latérales

Au XIIIᵉ siècle, l'entrée des fidèles s'effectue non pas par les trois grands portails occidentaux mais par la porte Saint-Christophe, située sur le bas-côté sud. À l'origine dépourvue de sculpture, cette entrée doit son nom à la statue colossale de saint Christophe ajoutée au XIVᵉ siècle. Selon une croyance répandue, il suffit de voir la grande image du saint pour être assuré de ne pas mourir subitement dans la journée. Les chapelles latérales de la nef n'appartiennent pas au projet primitif ; elles ont été ajoutées entre les culées✦ des arcs-boutants à partir de la fin du XIIIᵉ siècle pour servir de chapelles funéraires ou de chapelles des corporations de métier.

Du côté sud, la chapelle Saint-Nicolas fut fondée par les guédiers. La culture de la guède – pastel des teinturiers qui donne une couleur bleue – constituait au Moyen Âge l'une des principales ressources de la région et la ville était un important centre de production textile. La décoration extérieure montre, sous la légende de saint Nicolas et des enfants dans le saloir, les marchands avec, à leurs pieds, les sacs remplis des précieuses boules de guède, appelées également « cocagnes ».

Du côté nord, les deux premières chapelles furent élevées entre 1373 et 1375 sur l'ordre du cardinal✦ Jean de la Grange, évêque d'Amiens (1373-1375) et l'un des principaux conseillers du roi Charles V.

1. Saint Christophe portant l'Enfant Jésus, photographie Henri Le Secq, 1852 (Paris, musée des Arts décoratifs).

2. Groupe de l'Annonciation, photographie Félix Martin-Sabon, 1899-1900 (Paris, MAP).

3. Groupes sculptés (côté ouest du bas-côté sud) : saint Nicolas et les enfants dans le saloir ; marchands de guède avec sacs de « cocagnes » ; photographie Félix Martin-Sabon, 1899-1900 (Paris, MAP).

4. Le Beau Pilier (bas-côté sud), immédiatement derrière la façade occidentale, et son triple registre de figures sculptées, photographie Médéric Mieusement, album *Cathédrales de France* réalisé pour la direction des Cultes entre 1881 et 1893 (Paris, MAP).

Le Beau Pilier

Au cardinal de la Grange on doit également la réalisation du contrefort placé à la jonction de la façade occidentale et de la première chapelle septentrionale. Appelé « Beau Pilier » en raison des neuf grandes statues regroupées trois par trois qui l'ornent, l'ouvrage est un véritable manifeste politique.

Les trois figures du bas représentent les conseillers du roi – le cardinal de la Grange lui-même, le chambellan Bureau de la Rivière et l'amiral Jean de Vienne – qui symbolisent respectivement l'Église, le Conseil et les Armes.

On peut voir : le roi Charles V, au centre, au-dessus du cardinal ; le Dauphin, futur Charles VI, au-dessus du chambellan ; Louis d'Orléans, fils cadet du roi, au-dessus de l'amiral.

Le registre céleste qui couronne l'ensemble comprend, au-dessus de Jean de la Grange et de Charles V, saint Jean Baptiste, patron du cardinal et objet de la dévotion royale car son baptême préfigure le sacre ; Notre-Dame d'Amiens protège l'héritier de la couronne tandis que saint Firmin, le saint local, prend place au-dessus de Louis.

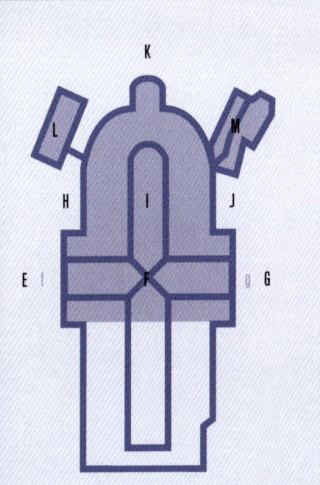

Transept

E	Bras nord
1	Portail
F	Croisée
G	Bras sud
g	Portail de la Vierge dorée

Chevet

H	Bas-côté nord
I	Chœur
J	Bas-côté sud
K	Chevet
L	Chapelle des Catéchismes
M	Sacristie, cloître et chapelle des Macchabées

Le bras sud du transept, le chevet, la sacristie, l'ancienne salle du chapitre dite « chapelle des Macchabées ».

Transept et chevet

Les portails nord et sud

Au bras nord du transept, la porte du XIIIe siècle possède une seule statue, représentant de nouveau saint Firmin ; au-dessus, le tympan percé d'un réseau de lancettes✦ inscrites dans un triangle curviligne est une modification du XIVe siècle. Ainsi les deux portails consacrés au premier évêque de la ville, celui de la façade occidentale et celui du transept, sont-ils tous les deux placés au nord, en direction du palais épiscopal.

Au Moyen Âge, le portail du bras sud du transept, plus richement décoré que le précédent, servait d'entrée aux chanoines. Sa réalisation doit remonter aux alentours de 1245 ; le programme global et cohérent illustre la piété du XIIIe siècle qui tend à l'humanisation de la religion en rapprochant monde divin et monde terrestre. L'iconographie du tympan relate la vie de saint Honoré, ou Honorat, évêque d'Amiens à la fin du VIe siècle. Le linteau✦ présente les apôtres. Les quatre cordons des voussures✦ s'ornent d'anges, de personnages de l'Ancien Testament – l'Ancienne Alliance avant la loi de Moïse –, de prophètes – l'Ancienne Alliance après la loi de Moïse – et, pour la dernière voussure, d'apôtres, d'évangélistes et de saintes femmes – la Nouvelle Alliance. Quant à la signification des huit statues des ébrasements, mis à part deux anges, on se perd en conjectures pour les identifier. Elles doivent cependant représenter des saints révérés dans le diocèse d'Amiens.

Ce portail est dit « de la Vierge dorée » en raison d'une statue de la Vierge recouverte d'une dorure, qui figurait au trumeau ; elle est aujourd'hui déposée à l'intérieur de la cathédrale, dans le bras sud du transept. Les figurations de la Vierge, patronne de la cathédrale et donc de la cité, se tournent vers l'ouest et le sud, en direction des lieux où la ville connaît au XIIIe siècle son plus grand développement.

La flèche

Détruite par la foudre en 1528, la flèche du XIIIe siècle doit être reconstruite dans les années suivantes. Réalisée par Louis Cardon, du village voisin de Cottenchy, et Simon Taveau, originaire de Beauvais, sa structure en charpente est recouverte de feuilles de plomb dorées, de même que les statues du clocher. La flèche fait par la suite l'objet de nombreuses réparations : l'ouragan de 1627 oblige notamment à la raccourcir. À cette occasion, le sculpteur Nicolas Blasset réalise une pomme de plomb placée à la base de la croix qui couronne l'ensemble. Malgré ces modifications et les restaurations des années 1886-1887, 1900 et 1973-1980, la flèche garde un important degré d'authenticité. Contrairement, par exemple, aux flèches parisiennes de Notre-Dame et de la Sainte-Chapelle, entièrement reconstruites au XIXe siècle, celle d'Amiens conserve l'essentiel de son parti et de sa charpente d'origine.

Les grandes statues de plomb qui ornent la galerie du deuxième étage représentent le Christ, saint Paul, saint Firmin, saint Jean l'Évangéliste, la Vierge, saint Jean Baptiste, saint Jacques le Majeur et saint Pierre. Quant à la couronne fleurdelisée ornant la base de la partie conique de la flèche, primitivement octogonale, elle adopte à compter de la restauration de 1900 l'actuelle forme circulaire.

1. Décor en plomb de la flèche : la galerie aux statues du deuxième étage et la couronne fleurdelisée.

2. La flèche de la cathédrale dominant le quartier Saint-Leu, photographie Henri Le Secq, 1851 (Paris, musée des Arts décoratifs).

3. Les arcs-boutants au-dessus des chapelles sud du chevet.

4. Le chevet depuis la place Saint-Michel.

L'ordonnancement se compose des chapelles rayonnantes, des arcs-boutants et contreforts, des fenêtres hautes et du grand comble.

Le chevet

La couronne des neuf chapelles rayonnantes aux murs articulés constitue l'une des plus belles réussites de la cathédrale. Son plan fut d'ailleurs copié pendant tout le Moyen Âge. Il se trouve reproduit dans des carnets de dessins d'architectes du XVe siècle : copie du plan du chevet réalisée en 1448 pour servir de modèle à l'église Saint-Wandru de Mons en Belgique ; carnet de Hans Hammer, architecte de la cathédrale de Strasbourg à son retour de Hongrie.

Des gâbles ✦ aigus, caractéristiques de l'architecture rayonnante d'origine parisienne, surmontent les fenêtres du haut vaisseau, signe à la fois d'une volonté d'enrichissement du décor par rapport à la nef mais également de la construction plus tardive du chevet, près de trente ans après la nef. Ces gâbles aigus confèrent aux parties hautes du chevet une silhouette déchiquetée de châsse d'orfèvrerie.

Quartiers canonial et épiscopal

À l'époque médiévale, au nord de la cathédrale se trouvent le palais épiscopal et la collégiale ✦ Saint-Firmin-le-Confesseur, subordonnée à la cathédrale et détruite en 1798, tandis qu'au sud se regroupent les maisons et les bâtiments du chapitre. Les chanoines n'ont jamais fermé leur domaine ; s'ils parviennent à enclore le parvis, la commune les oblige à laisser ouverte la rue commerçante qui longe le flanc méridional de la cathédrale. L'actuelle sacristie ✦ est une construction du XIVe siècle élevée initialement pour abriter la salle capitulaire, les archives et le trésor. Des anciens bâtiments des chanoines, il reste, à l'emplacement de leur cimetière, la chapelle des Macchabées, très restaurée par Viollet-le-Duc. L'architecte ajouta la galerie qui lui est adossée et fit également construire la chapelle des Catéchismes au nord du chevet et la maison « des Suisses » accolée à l'angle nord-ouest de la façade occidentale.

À partir de la seconde moitié du XIXe siècle, les abords de l'édifice sont entièrement dégagés, ce qui entraîne la disparition des bâtiments canoniaux et d'une bonne partie des maisons. Le vaste parvis est ouvert dans les dernières années de ce siècle, puis en 1902 l'architecte Douillet conçoit, vis-à-vis de la façade, un ensemble de maisons néogothiques dont seules subsistent celles des extrémités.

1. *La Vierge au palmier*, détail du puy attribué au Maître d'Amiens, offert en 1520 par Nicolas Le Caron, greffier du baillage (Amiens, musée de Picardie).

2. Façade de la cathédrale, peinture attribuée à Charles Joron, début du XIXe siècle (Amiens, musée de Picardie).

Histoire
7 Avant la cathédrale gothique
9 La cathédrale du XIIIe siècle
13 Les Temps modernes
15 Le temps des restaurations

Extérieur
21 Nef
33 Transept et chevet
37 Quartiers canonial et épiscopal

Intérieur
43 Nef
45 Le labyrinthe et les architectes de la cathédrale
47 Transept et chevet
47 Le transept
48 Le chevet
51 Décor et mobilier
51 Les monuments funéraires
56 La clôture du chœur
62 Les stalles
64 La réalisation des stalles
68 Les grands ensembles décoratifs
70 La confrérie du Puy Notre-Dame
79 Les orgues
80 Les vitraux
83 Trésor

Annexes
89 Glossaire
92 Chronologie
94 Bibliographie

Nef

La nef d'Amiens reprend le modèle des premières grandes cathédrales élevées à la veille du XIIIᵉ siècle, Notre-Dame de Chartres et Saint-Gervais-et-Saint-Protais de Soissons. On retrouve en effet la même élévation à trois niveaux. Les grandes arcades en arc brisé reposent sur une série de piliers circulaires cantonnés de quatre colonnettes. Le triforium, étroite galerie prise dans l'épaisseur du mur, court au-dessus d'un cordon végétal sculpté et compose une zone d'ombre sous le niveau des fenêtres hautes. Cependant, par rapport à Notre-Dame de Chartres, la cathédrale d'Amiens représente un jalon important vers le gigantisme et l'allègement de la paroi. Avec leurs 18 mètres de haut, les grandes arcades franchissent près de la moitié de l'élévation ; quant aux voûtes d'ogives du vaisseau central, elles culminent à plus de 42 mètres de hauteur, contre environ 36 mètres à Chartres ou à Reims. La surface de chacune des fenêtres hautes a presque doublé ; divisées en quatre lancettes surmontées de trois roses, elles s'élèvent sur 12 mètres de haut (contre deux lancettes surmontées d'une rose et 7 mètres de haut pour les baies de Chartres). Seule la cathédrale de Beauvais, entreprise à partir de 1225, dépasse les dimensions d'Amiens – près de 47 mètres de hauteur sous voûtes – mais cette tentative se solda par l'écroulement partiel de l'édifice en 1284.

A Chapelles latérales nord
B Collatéral nord
C Vaisseau central
D Collatéral sud
E Chapelles latérales sud

Page 40 :
figure d'ange tirant une draperie.

Détail de la peinture murale ornant la sépulture de Ferry de Beauvoir († 1473), exécutée vers 1490, première travée de la clôture de chœur du déambulatoire sud.

1. Le vaisseau central de la nef en direction du chœur.

2. Bas-côté et chapelles latérales nord.

2

Du côté du vaisseau central, les colonnettes, de tailles et de diamètres décroissants, donnent l'illusion que les niveaux s'emboîtent. La colonnette la plus importante part depuis le sol pour s'élever d'un seul jet jusqu'à l'arc-doubleau de la voûte ; les colonnettes recevant les ogives prennent appui sur les chapiteaux des grandes arcades alors que les plus petites partent du triforium pour se confondre avec le réseau des fenêtres hautes.

Du côté nord, en partant du revers de la façade occidentale pour se diriger vers le transept, les deux premières chapelles latérales, celle du Sauveur et Notre-Dame-de-Bon-Secours, furent réalisées à la demande du cardinal Jean de la Grange entre 1373 et 1374. Leurs voûtes à ogives multiples et le dessin souple des réseaux des baies comptent parmi les plus anciennes réalisations de style flamboyant du nord de la France.

1. Les grandes arcades côté nord du vaisseau central vues depuis le triforium sud-est de la croisée du transept.

2. Vue plongeante sur le bas-côté nord montrant la succession des motifs géométriques du dallage.

Le labyrinthe et les architectes de la cathédrale

Au Moyen Âge, le dallage des cathédrales comporte fréquemment un labyrinthe, comme à Sens, Chartres, Arras et Reims. Également appelé «dédale», du nom du héros mythologique crétois qui passe pour être le modèle de l'architecte, il symbolise la complexité du chemin humain vers le salut – mais nulle bifurcation ne piège le pèlerin ; parcouru à genoux à l'occasion de certaines grandes fêtes, il pouvait être le support de pratiques pénitentielles. Les maîtres d'œuvre du Moyen Âge y inscrivaient parfois leur nom. Placé en 1288 au milieu de la nef par l'architecte Renaud de Cormont, le labyrinthe d'Amiens se déploie sur une longueur de 240 mètres.

Contrairement à celui de Chartres parvenu jusqu'à nous sans aucune modification, il a été refait à l'identique à la fin du XIXe siècle. Le musée de Picardie conserve la pierre centrale de l'ancien labyrinthe, détérioré à la Révolution. Incrustée de cuivre, elle représente les portraits de l'évêque constructeur et des trois premiers architectes. Tout autour d'eux, une inscription indique que la première pierre de la cathédrale fut posée par l'évêque Évrard de Fouilloy en 1220 et que le premier maître d'œuvre se nommait Robert de Luzarches, remplacé à la tête du chantier par Thomas de Cormont puis par le fils de ce dernier, Renaud.

3. Motif central du labyrinthe de la nef refait à l'identique à la fin du XIXe siècle.

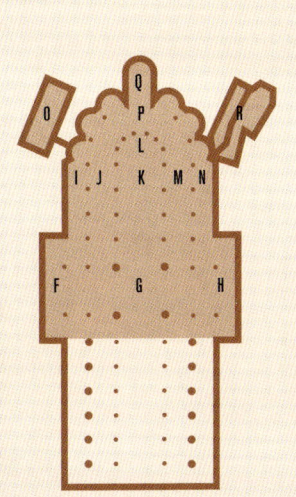

Transept

F	Bras nord
G	Croisée
H	Bras sud

Chevet

I	Chapelle latérale nord
J	Collatéral nord
K	Chœur liturgique
L	Abside
M	Collatéral sud
N	Chapelle latérale sud
O	Chapelle des Catéchismes
P	Déambulatoire et rond-point
Q	Chapelles absidiales
R	Sacristie, cloître, chapelle des Macchabées

Le revers méridional
du bras sud
du transept avec
son triforium vitré
et sa rose flamboyante.

Transept et chevet

Le transept

Le transept adopte des proportions aussi impressionnantes que la nef. Il possède également trois vaisseaux, mais avec une longueur de 70 mètres il est encore plus long qu'elle.

À l'intersection du transept et de la nef, quatre puissants piliers losangés marquent la croisée et portent une étonnante voûte en étoile, probablement l'une des plus anciennes construites en France qui atteigne de telles dimensions.

Par rapport à la nef, on doit noter dans l'élévation des bras du transept l'apparition d'un triforium vitré aux extrémités et dans les murs est, alors qu'à l'ouest il est encore aveugle.

Chaque façade est percée d'une immense rose : celle du nord, avec son réseau à la fois grêle et nerveux, remonte au XIVe siècle alors que celle du sud, avec son dessin sinueux et pareil aux mouvements capricieux des flammes, date du XVIe siècle.

Le chevet

Au Moyen Âge les fidèles se tiennent dans la nef et le transept. Le vaste chevet correspond au chœur des chanoines – leurs stalles prennent place dans les travées✦ droites du vaisseau central – et au sanctuaire. Le maître-autel était placé dans l'abside✦.
Au sol, le chevet adopte un plan à doubles collatéraux✦ dans les quatre premières travées et se transforme en un unique déambulatoire✦ autour de l'abside. Ce dernier ouvre sur sept chapelles rayonnantes, dont celle d'axe est plus profonde. Consacrée à Notre-Dame drapière, elle abritait au Moyen Âge la paroisse réservée aux domestiques et serviteurs des chanoines habitant dans le cloître. En comparaison avec la nef, l'élévation du chevet marque une nouvelle étape dans le traitement raffiné et l'effacement de la paroi. Le dessin des baies et du triforium, aux ouvertures pourvues de gâbles, se complique et l'effet d'élancement s'accentue. Mais, surtout, le triforium est entièrement ajouré afin d'effacer le mur par de subtiles combinaisons de lumière. Les grandes arcades du premier niveau laissent filtrer un éclairage indirect provenant du déambulatoire et l'abondante lumière des deux derniers niveaux n'est pas disposée sur le même plan : la vitrerie des fenêtres hautes est à l'aplomb du mur tandis que celle du triforium est rejetée vers le fond.
À l'origine, ces effets d'illusion devaient être accentués par l'ensemble coloré des vitraux, ainsi que par le ton ocre des surfaces murales ornées de faux joints d'appareil et la tonalité plus tranchée encore des membres architecturaux.

1

1. Vue perspective du chœur des chanoines en direction du maître-autel.

2. Le triforium ajouré et les fenêtres hautes de l'abside.

Décor et mobilier

Les monuments funéraires

La nef

Le tombeau d'Évrard de Fouilloy [4], l'évêque qui inaugura le chantier de construction de la cathédrale, est placé dans la nef côté sud peu après son décès en 1222. À l'origine, un sarcophage de pierre aujourd'hui disparu servait de soubassement à la dalle funéraire. La tête du prélat repose sur un coussin ; il est déjà éveillé à la vie éternelle, ses yeux sont ouverts et deux anges balancent leurs encensoirs. Revêtu de ses vêtements sacerdotaux les plus précieux, dont certains sont rehaussés d'orfrois✦, il bénit de la main droite. De la gauche, il tenait la hampe de sa crosse, symbole de sa mission pastorale, dont l'embout s'enfonce dans la gueule de l'un des deux dragons que l'évêque foule de ses pieds. Son successeur, l'évêque Geoffroy d'Eu († 1236), se fit également ensevelir dans la nef côté nord sous une tombe identique [3]. Ces deux œuvres attestent à elles seules la production de gisants✦ de bronze au Moyen Âge, la plupart d'entre eux ayant été fondus à la Révolution.

Dans la chapelle Notre-Dame-de-la-Paix, se trouve le monument funéraire de l'échevin Jean de Sachy [5] et de son épouse Marie de Revelois (deux priants de part et d'autre de la statue de la Vierge du Puy, une allégorie de la Mort munie de la faux et du sablier dans la partie inférieure).

Deux autres monuments funéraires se dressent dans le collatéral sud. Celui du chanoine Pierre Burry († 1504) [1] le montre présenté par son saint patron au Christ figuré en *Ecce homo*. Celui du chanoine Antoine Niquet († 1652) [2], introduit auprès de la Vierge par saint Antoine, est l'œuvre du sculpteur Nicolas Blasset (1625-1659) ; originaire d'Amiens, cet architecte est admis comme maître sculpteur en 1637 puis nommé architecte et sculpteur du roi Louis XIII.

1. Tombe du chanoine Pierre Burry, collatéral sud.

Le groupe en pierre blanche représente le chanoine accompagné de son saint patron et agenouillé devant le Christ souffrant.

2-3. Gisants des évêques Évrard de Fouilloy et Geoffroy d'Eu, vaisseau central de la nef.

Rares exemples subsistant des productions médiévales en bronze coulé d'une seule pièce.

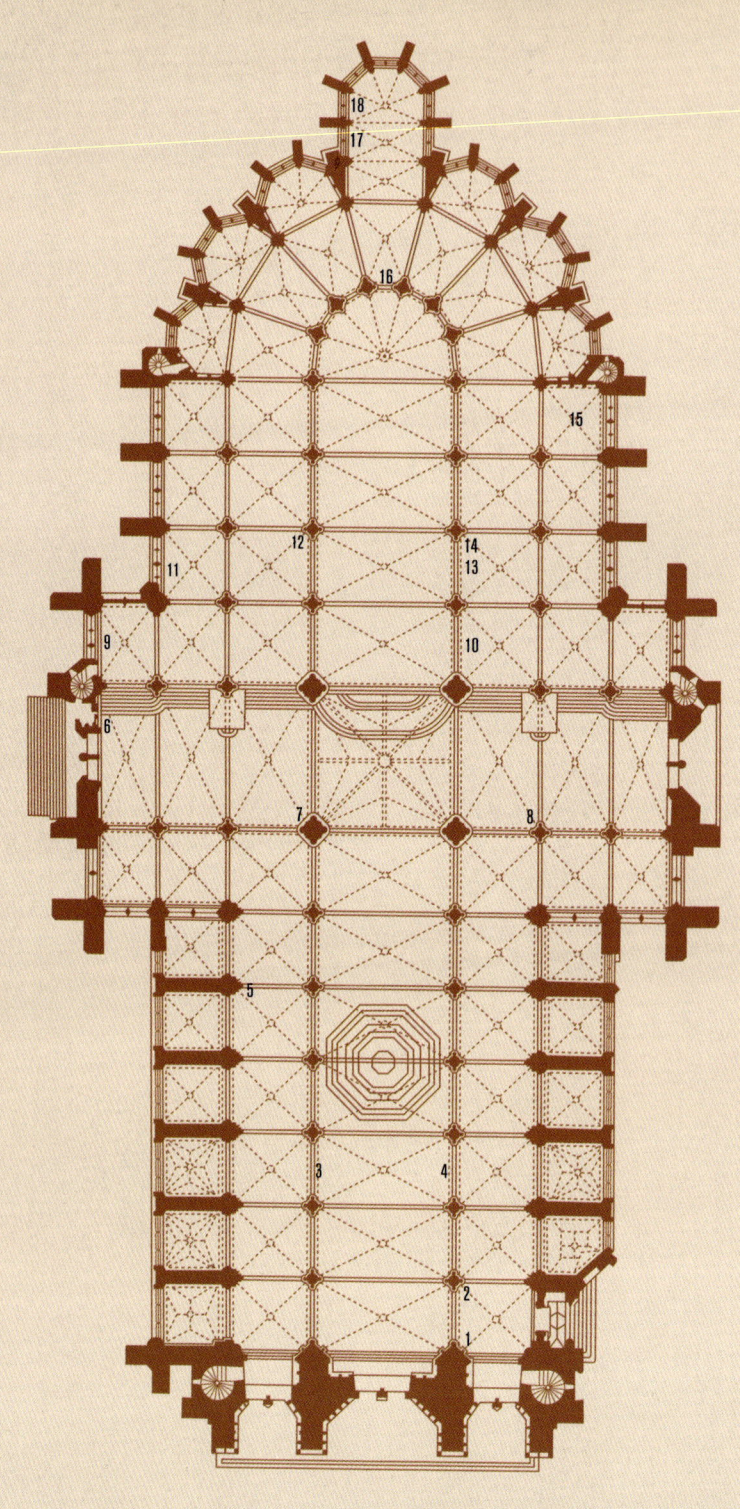

Monuments funéraires

Nef

1. Pierre Burry († 1504)
2. Antoine Niquet († 1652) par Nicolas Blasset
3. Geoffroy d'Eu († 1236)
4. Évrard de Fouilloy († 1222)
5. Jean de Sachy par Nicolas Blasset

Transept

6. Pierre Sabatier († 1733)
   par Jean-Baptiste Michel Dupuis
7. Charles Hémard de Denonville († 1540)
   par Mathieu Laignel, 1543
8. Claude Pierre, par Nicolas Blasset
9. François Faure († 1687)
   par Jean-Baptiste Duquet
10. Ferry de Beauvoir († 1472)

Chevet

11. Gérard de Conchy († 1257)
12. Antoine de Baillon († 1644)
    par Nicolas Blasset
13. Adrien de Hénencourt († 1530)
    par Antoine Anquier
14. Charles de Vitry
15. Christophe de Lannoy († 1600)
16. Arnoul de la Pierre († 1247),
    Jean de la Grange († 1402)
    et Guilain Lucas († 1628)
    par Nicolas Blasset
17. Thomas de Savoie († 1334)
18. Simon de Gonçans († 1325)

1

Monument funéraire du chanoine Niquet, présenté à la Vierge par saint Antoine, marbre de l'Amiénois Nicolas Blasset.

Le transept

Dans le bras nord du transept subsiste une pierre à laver les morts de la seconde moitié du XIIe siècle, donc plus ancienne que la cathédrale elle-même. Contre le mur septentrional se trouve une pierre tombale d'un prélat du XIIIe siècle. À gauche prend place le tombeau de l'évêque d'Amiens Pierre Sabatier († 1733)[6], œuvre de Jean-Baptiste Michel Dupuis qui présente l'ecclésiastique allongé et accoudé.

Contre le pilier nord-ouest de la croisée s'adosse le tombeau du cardinal Charles Hémard de Denonville († 1540)[7], évêque d'Amiens. De style Renaissance, en pierre et marbre blanc, l'œuvre sculptée par Mathieu Laignel en 1543 représente le prélat en prière, de profil et inséré dans un cadre architectural. Les quatre vertus cardinales du dessus – courage, justice, prudence, tempérance – répondent aux trois vertus théologales du soubassement – charité, espérance, foi.

Dans le bras sud se trouve le tombeau du chanoine Claude Pierre[8] par Nicolas Blasset ; agenouillé, le dignitaire est présenté à la Vierge par son saint patron.

2. Tombeau de Charles Hémard de Denonville (contre le pilier nord-ouest de la croisée du transept).

Une œuvre dans le goût de la Renaissance par Mathieu Laignel, 1543.

1. Pierre à laver les morts, seconde moitié du XIIe siècle (bras nord du transept), photographie Félix Martin-Sabon, 1899-1900 (Paris, MAP).

3. Superposition du tombeau d'Arnoul de la Pierre, du gisant de Jean de la Grange et du mausolée de Guilain Lucas dû à Nicolas Blasset (axe de l'abside).

4. Mausolée de Simon de Gonçans (chapelle Notre-Dame).

5. L'*Ange pleureur* du mausolée de Guilain Lucas (axe de l'abside), photographie Séeberger frères, 1905 (Paris, MAP).

Le chevet

Dans la chapelle Notre-Dame, à gauche, du côté nord, les deux mausolées du XIVe siècle ornés de pleurants sur le soubassement sont ceux de Simon de Gonçans († 1325) [18] – évêque qui introduisit la célébration de la Fête-Dieu à Amiens et créa la maîtrise des enfants de chœur le 26 septembre 1324 – et de Thomas de Savoie († 1334) [17], chanoine de la cathédrale et chapelain du pape en 1331. En face de cette chapelle, les deux derniers piliers de l'abside enserrent un ensemble composite superposant des éléments de trois tombeaux différents [16]. Le soubassement de pierre blanche provient probablement du monument funéraire de l'évêque Arnoul de la Pierre († 1247) ; ce prélat est célèbre pour avoir demandé au bailli d'Amiens, qui venait de faire pendre cinq clercs, de transporter un à un leurs cadavres sur son dos, à travers la ville. Le gisant de marbre blanc est celui du cardinal Jean de la Grange († 1402) qui par testament avait demandé la division de sa dépouille ; ses chairs devaient rester à Avignon mais ses ossements être transportés secrètement à la cathédrale d'Amiens pour être mis dans le monument commandé à Paris et installé originellement à gauche du maître-autel. Le mausolée placé au sommet est celui du chanoine Guilain Lucas († 1628) ; cette œuvre de Nicolas Blasset doit sa célébrité à l'*Ange pleureur*, tristement accoudé sur une tête de mort et posant une main sur un sablier.

La clôture du chœur

L'un des intérêts majeurs de la cathédrale d'Amiens est d'avoir en partie conservé la répartition des espaces liturgiques du Moyen Âge, notamment le chœur des chanoines situé dans les premières travées du vaisseau central du chevet. Ces ecclésiastiques prenaient place dans leurs stalles tandis qu'une clôture élevée tout autour et un jubé tourné en direction de la nef les isolaient des fidèles.
La clôture du chœur se compose d'une suite de hauts-reliefs qui, à l'origine, se poursuivait tout autour du déambulatoire, avant que des grilles posées au XVIIIe siècle ne remplacent les scènes du rond-point représentant la vie des saints picards Fuscien, Victoric, Gentien et Quentin.
Du côté sud, réalisées entre 1490 et 1530 à la commande du chanoine Adrien de Hénencourt, se déploient les scènes présentant la vie de saint Firmin et la découverte de ses reliques. Le soubassement abrite, dans la seconde travée, le monument funéraire d'Adrien de Hénencourt [13] sculpté après son décès en 1530 et, dans la première travée, celui de son oncle, l'évêque Ferry de Beauvoir († 1472) [10]. Réalisé vers 1490, le gisant de Ferry repose dans une chambre funéraire dont le décor est complété par des scènes peintes : sur les côtés, anges tirant des rideaux et clercs tenant des tentures aux armes du prélat ; sur le sarcophage, *Agnus Dei* et symboles des évangélistes ; au fond, les douze apôtres.
Des scènes empruntées à la vie de saint Jean Baptiste, de style encore gothique malgré leur date tardive d'exécution (1531), occupent le côté nord.

Le chœur des chanoines avec leurs stalles et la clôture (côté sud du déambulatoire), vue plongeante depuis le triforium du bras sud du transept.

Histoire de saint Firmin

Monument funéraire de Mgr Ferry de Beauvoir († 1472), évêque d'Amiens, exécuté vers 1490, placé dans le premier entrecolonnement de la clôture de chœur du déambulatoire sud.

Grands sujets

1 Donateur agenouillé et entrée de saint Firmin à Amiens

2 Prédication de saint Firmin

3 Baptême des Amiénois

4 Arrestation et décollation de saint Firmin

| Grands sujets | Soubassement | | Mausolée de Mgr Adrien de Hénencourt († 1530), placé dans le deuxième entrecolonnement de la clôture de chœur du côté du déambulatoire sud. |

Grands sujets

5 Saint Saulve exhortant les Amiénois à prier pour retrouver la sépulture de saint Firmin

6 Rayon du ciel venant indiquer l'emplacement du corps

7 Exhumation des restes du martyr

8 Translation à Amiens des reliques de saint Firmin

Soubassement

9 Baptême de saint Firmin

10 Saint Honeste chargé d'instruire saint Firmin

11 Baptême de Firme, père de saint Firmin

12 Premières prédications de saint Firmin

13 Saint Firmin sacré évêque

14 Saint Firmin en Auvergne

15 Saint Firmin à Angers

16 Saint Firmin à Beauvais

17 Guérison de paralytique

18 Guérison de deux lépreux à la porte Clipéenne

19 Castus retrouve l'œil qu'il avait perdu

20 Guérison de fiévreux et d'autres infirmes

21 Guérison de possédés

Mausolée de Mgr Adrien de Hénencourt († 1530), placé dans le deuxième entrecolonnement de la clôture de chœur du côté du déambulatoire sud.

Histoire de saint Jean Baptiste

Grands sujets

1. Prédication de saint Jean
2. Baptême de Jésus
3. Saint Jean révélant sa mission
4. Saint Jean montrant l'Agneau de Dieu

Soubassement

14. Vision de Zacharie
15. Zacharie sort du Temple, privé de l'usage de la parole
16. Rencontre de Zacharie et d'Élisabeth
17. Visitation
18. Marie chez Élisabeth
19. Nativité de saint Jean
20. Circoncision de saint Jean
21. Élisabeth donne à son fils le nom de « Jean »
22. Saint Jean nommé par son père
23. Saint Jean passe sa jeunesse dans le désert

Bas-relief placé dans le premier entrecolonnement de la clôture de chœur du déambulatoire nord.

Les stalles

Le chœur renferme de prestigieuses stalles mises en place au début du XVIe siècle – il en subsiste cent dix sur les cent vingt d'origine. Selon un ordre hiérarchique, les chanoines occupaient la rangée haute et les chapelains celle du bas. Au sud, la première stalle est celle du doyen pour les jours de grande solennité ; en temps ordinaire, il occupe la deuxième. À l'opposé, au nord, la première stalle est dite « du Roi » car c'est là que s'assoit le représentant du souverain pour la ville. Ce vaste ensemble sculpté – plus de quatre mille personnages – met l'Ancien Testament en correspondance avec le Nouveau Testament et avec des épisodes de la vie de la Vierge empruntés à la *Légende dorée* et à d'autres textes apocryphes. Le programme débute à la première stalle du sud par la Prédestination, qui introduit à la fois l'Ancien Testament et les trente-neuf tableaux de la vie de Marie sculptés sur les jouées✦ basses et hautes. Au droit des jouées, la présence de prophètes et de sibylles assure le lien avec les cent soixante scènes de l'Ancien Testament proposées par les miséricordes✦ et les rampants. Quant aux pyramides des premières stalles nord et sud, elles comportent la représentation symbolique de la Synagogue et de l'Église. Sur les appuie-main, les pendentifs et les dais, cette docte iconographie se peuple d'éléments ornementaux, de créatures chimériques et de sujets profanes. Parfois grivois, ils témoignent de sources d'inspiration populaire empruntées aux fabliaux, comme *Renart prêchant aux poules,* et à la réalité quotidienne, de l'ivrogne à l'artisan au travail – monnayeur, apothicaire, écrivain, boulanger, imagier, jusqu'à la touchante représentation de la marchande d'enseignes de pèlerinage à l'effigie de saint Jean Baptiste.

1. Décor sculpté d'un cul-de-lampe d'un des dais des stalles hautes.

Un précieux témoignage de la vie quotidienne, début du XVIe siècle.

2. Vue perspective du chœur des chanoines avec son ensemble de stalles en direction du vaisseau central de la nef et du revers de la façade occidentale.

ornée d'une scène tirée de l'Ancien Testament.

2. Passage entre les stalles basses et les stalles hautes.

La jouée montre les Noces de Cana et le rampant un épisode de la vie de Samson, photographie René-Jacques, 1967 (Paris, MAP).

Les textes nous renseignent de façon précise sur la pose de cet ensemble réalisé en bois venu des forêts de la région ou acheté à des marchands d'Abbeville et de Saint-Valery-sur-Somme. Quatre chanoines réunis en commission prennent la direction de l'opération, menée avec énergie, et de son financement qui s'élève à la somme de 9 488 livres. En 1508, ils passent un premier marché avec le huchier ♦ amiénois Arnould Boulin, bientôt associé à Alexandre Huet. Ces deux maîtres menuisiers se rendent à Beauvais, à Saint-Riquier et à Rouen pour y étudier les stalles existantes ou en cours d'exécution. On fait ensuite appel à Antoine Avernier, « maître tailleur d'images » de la ville, épaulé par d'autres ouvriers, comme Jean Turpin ou Trupin qui grave son nom à deux reprises. On compte en tout huit artisans, dont sept d'origine picarde ; participent également deux frères franciscains d'Abbeville, qui élaborent le programme iconographique. Terminé en 1519, l'ensemble est complété jusqu'en 1522 par le mobilier liturgique, lutrin et clôture basse entre le chœur et le sanctuaire. « Miracle de sculpture et merveille des curieux » selon un chroniqueur d'Amiens, ces stalles n'ont jamais cessé de provoquer l'admiration du public, dont celle du Britannique John Ruskin (1819-1900), écrivain et historien de l'art, dans sa *Bible d'Amiens* que préface et traduit Marcel Proust en 1904.

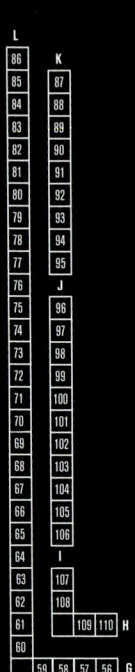

Ancien Testament

Maîtresse stalle à droite en entrant dans le chœur, miséricordes des stalles hautes du côté sud, stalles basses du même côté mais en sens inverse, stalles hautes du côté nord (de l'entrée du chœur au sanctuaire), stalles basses de ce côté (en retournant vers l'entrée du chœur)

Maîtresse stalle

1	Histoire de la Création
	Jouée A
	Histoire d'Adam et Ève
	Dorsal
	Histoire d'Adam et Ève
	Parclose
1-2	Histoire d'Adam et Ève
	Miséricorde
	Histoire de Noé
	Parois
	Histoire de Noé

Stalles hautes du côté sud, d'ouest en est

	Rampe B
55	Histoire de Noé
	Miséricordes
2-18	Histoire d'Abraham
19-31	Histoire de Jacob

Stalles basses du côté sud, d'est en ouest

	Rampe E
32	Histoire de Jacob
	Miséricordes
32-38	Histoire de Jacob
39	Histoire de Joseph
	Rampe D
40-41	Histoire de Joseph
	Miséricordes
41-51	Histoire de Joseph
	Rampe C
51-52	Histoire de Joseph
	Miséricordes
52-55	Histoire de Joseph

Stalle maîtresse

	Jouée G
56	Histoire de Joseph
	Haut dorsal
56	Histoire de Joseph
	Miséricorde
56	Histoire de Joseph
	Parclose
56-57	Histoire de Joseph

Stalles hautes du côté nord, d'ouest en est

56-57	Armes d'Adrien de Hénencourt
58-86	Histoire de Joseph et Jacob

Stalles basses du côté nord, d'est en ouest

	Rampe K
87	Histoire de Jacob
	Miséricordes
88-95	Histoire de Moïse
	Rampe J
95-96	Histoire de Moïse
	Miséricordes
96-106	Histoire de Moïse
	Rampe I
106/7	Histoire de Samson
	Miséricordes
107/9	Histoire de David
	Rampe H
110	Histoire de Job

Histoire de la Vierge Marie

Maîtresse stalle à droite en entrant dans le chœur, stalles basses du même côté (en allant vers le sanctuaire), jouée de la dernière stalle haute de ce côté, même ordre côté nord, jouée de la dernière stalle haute (vers le sanctuaire)

Maîtresse stalle

1 Histoire de la Vierge Marie
  Jouée A
  Soubassement
  L'Immaculée Conception
  Haut dorsal
  Figures de la Vierge Marie tirées de l'ancienne Loi : le buisson ardent, la verge d'Aaron, vision de Gédéon, la pierre détachée de la montagne, l'offrande de Joachim, annonce faite à Joachim de la naissance de Marie, apparition de l'ange à sainte Anne

Stalles basses du côté sud, d'ouest en est

  Rampe B
55 Rencontre d'Anne et de Joachim à la Porte dorée, nativité de Marie
  Rampe C
52 Éducation de Marie enfant par sainte Anne, présentation de Marie au Temple
51 Marie en oraison devant l'Arche, Marie occupée à tisser

  Rampe D
41 Un ange apporte sa nourriture à Marie en prière Marie et ses compagnes à l'étude
40 La verge de Joseph fleurit alors que celles des autres hommes à marier de la maison de David restent desséchées, fiançailles de Marie et de Joseph
  Rampe E
  Annonciation, Visitation

Stalles hautes du côté sud, d'est en ouest

  Jouée F
  Soubassement
31 L'ange tirant Joseph de son doute, Joseph implorant de Marie le pardon de ses soupçons injurieux
  Partie haute
31 Nativité de Jésus, adoration des Mages, présentation de Jésus au Temple et purification de Marie

Maîtresse stalle

  Jouée G
  Soubassement
56 Le massacre des Innocents
  Haut dorsal
56 L'ange apparaissant à Joseph et lui ordonnant de fuir en Égypte, fuite en Égypte, chute des idoles à l'arrivée de Jésus en Égypte

Stalles basses du côté nord, d'ouest en est

  Rampe H
110 Jésus parmi les docteurs, retour à Nazareth
  Rampe I
107 Les noces de Cana
106 La mère et les frères de Jésus viennent lui parler alors qu'il discutait avec les Pharisiens
  Rampe J
96 Crucifixion, Marie au pied de la croix
95 Descente de Croix, Mise au tombeau
  Rampe K
87 Apparition de Jésus ressuscité à Marie, Ascension

Stalles hautes du côté nord, d'est en ouest

  Jouée L
  Soubassement
86 Descente du Saint-Esprit
  Partie haute
86 Dormition, assomption, couronnement de Marie

Les grands ensembles décoratifs

Les chapelles latérales de la nef

La décoration du XVIIIe siècle a entièrement fait disparaître celle qui avait été conçue lors de la construction de ces chapelles. Le principe adopté est toujours le même : un lambris monte jusqu'à l'appui des fenêtres, l'autel s'adosse au mur du fond et une grille de fer forgé clôt l'espace.

Du côté nord, la chapelle Notre-Dame-de-Bon-Secours [2] abrite une Vierge par Nicolas Blasset (1632) et *Le Baptême d'Attile, fille de Faustinien, par saint Firmin* de Jacques Lecurieux (1846).

Dans la chapelle Saint-Michel [3], le grand crucifix, dit de « saint Sauve » provient de l'ancienne église Saint-Firmin-le-Confesseur qui jouxtait la cathédrale ; selon la tradition, au XIIIe siècle il se serait incliné devant les reliques de saint Honoré. *Jésus ressuscité apparaissant à Marie Madeleine* fut peint par Henri Delaborde (1849).

Dans la chapelle Saint-Honoré [4], la statue de ce saint est de Jacques Firmin Vimeux (1780) ; celle de plâtre (1781) de la chapelle Saint-Firmin [6] a été réalisée par le même artiste.

Dans la chapelle Notre-Dame-de-la-Paix [5] se trouve une Vierge de marbre blanc, œuvre de Blasset (1654). Dans le collatéral sud, la chapelle Saint-Christophe [28] renferme une statue du saint par Jean-Baptiste Michel Dupuis (XVIIIe siècle). Deux chapelles voisines possèdent un retable de Blasset : celui de l'Annonciation [27] est en marbre blanc et gris (1655) ; celui de Saint-Nicolas comprenant un groupe représentant l'Assomption, est en marbre blanc réalisée (1637).

Dans la chapelle Saint-Étienne [25], deux grandes statues en bois des saints Étienne et Augustin encadrent *Marie et l'Amour divin* (1628) du peintre Laurent La Hyre (1606-1656) ; sur le mur de gauche, *La Communion de saint Bonaventure* fut peinte par le frère Luc.

Dans la chapelle Sainte-Marguerite [24], on peut voir une statue en plâtre de la sainte (vers 1780) attribuée à Jacques Firmin Vimeux et une Vierge à l'Enfant du XVIIIe siècle en marbre blanc.

1. Chapelle Saint-Étienne : *La Communion de saint Bonaventure*, par le franciscain Claude François, dit frère Luc, peintre amiénois du XVIIe siècle.

2. Chapelle Saint-Étienne : *Marie et l'Amour divin*, par le peintre parisien Laurent La Hyre, 1628.

FVLCITE ME FLORIBVS, QVIA AMORE LANGVEO

Pierre Louvel, le livre des chants royaux enluminé par Jean Pichore, 1518 (Paris, BNF).

2. *Au juste poids, véritable balance*, puy dans son cadre de bois sculpté, attribué au Maître d'Amiens, offert en 1518 par Antoine Picquet, procureur du roi (Amiens, musée de Picardie).

année, en l'honneur de Notre-Dame, un chant royal (poème de cinq strophes à onze vers, terminé par un refrain de dix syllabes) lu sur un podium, dit « puy ». Regroupant une trentaine de membres, la société désigne un maître tous les ans, le 2 février. Le lendemain, celui-ci propose une devise en l'honneur de Marie, qui sert à la fois de refrain et de sujet à une œuvre d'art que le maître doit offrir à la cathédrale. À la fin du XVe siècle, une ordonnance prescrit de laisser ces œuvres dans la cathédrale ; en 1500, la chapelle du Pilier rouge, dans le bras sud du transept, est attribuée à la confrérie. De passage à Amiens le 17 juin 1517, Louise de Savoie, mère du roi François Ier, visite la cathédrale et admire les puys. La ville commande aussitôt un recueil des chants royaux, accompagnés de miniatures reproduisant les tableaux, pour l'offrir en 1518 à Louise de Savoie, à qui l'on demande un dégrèvement d'impôts. Le manuscrit est aujourd'hui conservé à la Bibliothèque nationale de France.

Une partie des puys sculptés, principalement ceux de Nicolas Blasset, subsiste toujours dans la cathédrale. Mais les deux cent quinze tableaux, devenus trop encombrants, furent retirés en 1723 et éparpillés ou détruits ; toutefois, quelques-uns, comportant encore leur cadre sculpté, sont conservés au musée de Picardie, dont un puy daté de 1437.

En 1648, des dalles de marbre noir surmontées de bas-reliefs représentant la vie de la Vierge sont scellées dans le mur ouest du bras sud du transept ; elles portent les noms des maîtres de la confrérie depuis 1389 jusqu'à 1729.

Les chapelles du transept

Dans le bras nord du transept, la chapelle Saint-Pierre, dite « Saint-Jean-du-Vœu [8] », dans l'angle nord-est, fait suite à un vœu formulé au cours de l'épidémie de peste de 1667-1668 mais exécuté seulement quarante et un ans après, en 1709, date de la commande du décor à l'architecte ornemaniste Gilles Oppenord (1672-1742), l'un des initiateurs du style rocaille.

Contre l'un des piliers est, dans la chapelle Saint-Sébastien, dite « du Pilier vert [7] », un immense tableau du XVIIIe siècle, *Le Calvaire,* surmonte le retable dont plusieurs statues – *Saint Sébastien entouré des allégories de la Justice et de la Paix* et *Saint Roch* – furent réalisées par Nicolas Blasset en 1635. Saint Louis fut sculpté par Louis Duthoit en 1832. Sur le mur ouest, les quatre scènes en haut relief offertes par Jean Wytz en 1523 figurent Jésus chassant les marchands du Temple.

Dans le bras sud du transept, la chapelle Saint-Pierre-et-Saint-Paul [18], dans l'angle sud-est, possède des statues en pierre des deux saints par Jean-Baptiste Michel Dupuis (1749) et un retable orné d'une Adoration des Mages peinte au début du XVIIIe siècle. C'est dans cette chapelle qu'est déposée la célèbre *Vierge dorée* du milieu du XIIIe siècle provenant du portail voisin de Saint-Honoré.

Le retable de la chapelle Notre-Dame-du-Pilier-rouge, dite « Notre-Dame-du-Puy [19] », fut réalisé en 1627 par Nicolas Blasset. Le centre du retable est occupé par *L'Assomption* du peintre François Francken le Jeune, qu'entourent des statues sculptées par Blasset : en haut, *Notre-Dame du Puy, David* et *Salomon ;* en bas, *Judith.* La *Sainte Geneviève,* œuvre de Cressent, provient d'un couvent voisin.

Sur le mur ouest, de hauts-reliefs polychromes exécutés en 1511 représentent l'histoire de saint Jacques le Majeur.

Autel et retable du début du XVIIe siècle dans la chapelle Notre-Dame-du-Pilier-rouge (côté est du bras sud du transept).

Jésus chassant les marchands du Temple

Jésus
et les marchands
du Temple
(vers 1523),
côté occidental
du bras nord
du transept.

1 Atrium
  Jésus apparaît aux
  marchands sur une place

2 Tabernaculum
  Jésus invective les marchands

Histoire de saint Jacques

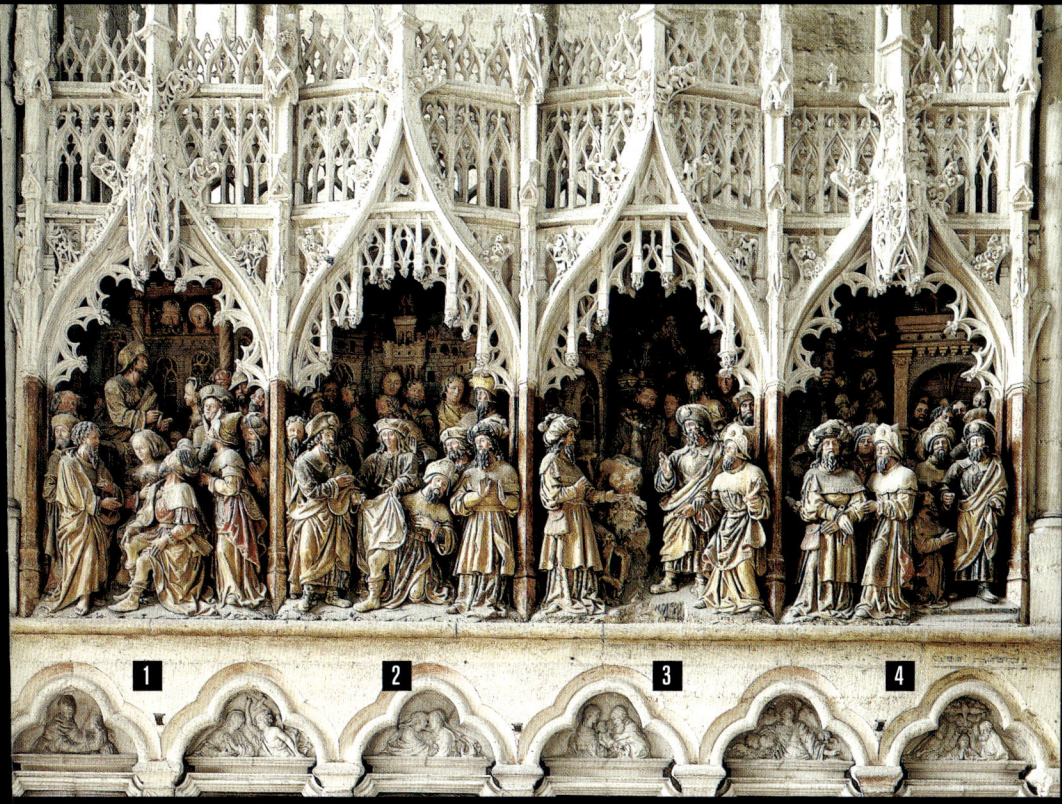

1. Philetus, envoyé par le mage Hermogène pour confondre saint Jacques, écoute la prédication de l'apôtre

2. Philetus, frappé d'un sortilège par Hermogène pour s'être converti à la parole de saint Jacques, est délivré par l'imposition du manteau de l'apôtre

3. Saint Jacques ordonne aux diables évoqués par Hermogène de garrotter celui-ci

4. Hermogène garrotté, délivré et pardonné

Vie de saint Jacques le Majeur (1511), côté occidental du bras sud du transept.

Le chœur et le sanctuaire

À la fin du XIIIe siècle, les chanoines dressent au-devant du chœur, en direction de la nef, un jubé orné de sculptures de pierre consacrées au cycle de la Passion et au Jugement dernier. Afin que les fidèles puissent assister au déroulement de l'office, les chanoines le font abattre en 1755 – le musée de Picardie en conserve quelques statues – et le remplace en 1761 par l'actuelle clôture. Dessinées par Michel Ange Slodtz, les grilles sont réalisées par le serrurier Jean Veyren, dit « le Vivarais » en raison de son origine ardéchoise mais installé à Corbie. La statue de droite, *Saint Charles Borromée,* qui date de 1755, est l'œuvre du sculpteur amiénois Jean-Baptiste Michel Dupuis ; celle de gauche, *Saint Vincent de Paul,* est due aux frères Duthoit. Les chanoines entreprennent aussi la modernisation du sanctuaire. Sur un modèle de François Franque, architecte du roi installé à Paris, un nouveau dallage de marbre de couleur est posé entre 1766 et 1768. L'architecte laisse à son élève Pierre Joseph Christophle, comme lui originaire d'Avignon, le soin de dessiner le mobilier de style baroque : le maître-autel et l'immense gloire qui exalte avec toute la véhémence baroque le saint sacrement. Beau-père de Christophle, Dupuis participe également à l'entreprise. Ce dernier a pour assistant Jacques Firmin Vimeux, qui plus tard deviendra à son tour l'un des sculpteurs les plus féconds de la cathédrale. Christophle et Dupuis réalisent aussi deux autels baroques de marbre situés en avant des premières chapelles rayonnantes. Au sud, celui qui était primitivement dédié à saint Charles Borromée s'orne de colonnes torses autour desquelles s'enroule un rinceau doré ; consacré ensuite à saint Joseph [21], il présente dans sa niche centrale la statue de ce dernier réalisée en 1832 par les frères Duthoit. Au nord, en pendant, l'autel de la chapelle Notre-Dame-de-la-Pitié [9] possède toujours sa Vierge d'origine sculptée par Dupuis.

1. Entrée de Jésus à Jérusalem : quatre personnages devant la porte de la ville, pierre polychrome et dorée.

Vestige lapidaire du jubé élevé à la fin du XIIIe siècle et abattu en 1755 (Amiens, musée de Picardie).

2. Maître-autel et gloire du chœur.

Le maître-autel à la romaine, en bois sculpté et doré, date de 1755, le décor du sanctuaire avec sa gloire, de 1768.

Les chapelles rayonnantes et le déambulatoire

Consacrée initialement à saint Éloi, la première chapelle rayonnante sud [17] sert actuellement d'entrée au trésor ; son arcature s'orne de peintures murales du début du XVIe siècle. Offertes par Adrien de Hénencourt († 1530), doyen du chapitre et maître du Puy en 1492, elles représentent huit sibylles. Ensuite, dans la chapelle Saint-Nicaise, dite « Saint-François-d'Assise [16] », un retable du XVIIIe siècle offre une figure en bois sculpté de l'ermite italien.

Viollet-le-Duc a entièrement recréé le décor des trois chapelles axiales : Sainte-Theudosie [13], au nord ; Notre-Dame-Drapière, dite « la Petite Paroisse [14] », au centre ; Saint-Jacques ou chapelle du Sacré-Cœur [15], au sud. Pour la polychromie, il s'agit de l'une des premières tentatives de reconstitution archéologique fondée sur un certain nombre d'indices. L'architecte dessina aussi le mobilier néogothique de ces chapelles, dont une partie de l'exécution, notamment l'autel de bronze doré de la chapelle du Sacré-Cœur, fut confiée à Placide Poussielgue-Rusand (1829-1889), orfèvre parisien spécialisé dans le style historique. La statuaire fut exécutée par les frères Duthoit, également selon des dessins de Viollet-le-Duc ; on voit d'ailleurs le portrait de ce dernier au revers de l'autel de la chapelle Notre-Dame, sur l'une des consoles. Alfred Gérente, l'un des promoteurs du vitrail archéologique, réalisa les verrières. L'avant-dernière chapelle rayonnante nord, dédiée à saint Jean Baptiste [12], renferme un retable de bois de Jacques Firmin Vimeux (1775) présentant une statue du saint ; s'y trouve aussi la châsse de Mgr Davely, martyrisé en Corée en 1866 et canonisé récemment par le pape Jean-Paul II.

1

2

1. Chapelle Saint-Éloi, la sibylle Europe, peinture murale du début du XVIe siècle.

2. Chapelle du Sacré-Cœur avec son décor polychrome recréé au XIXe siècle dans le goût gothique.

3. Les tuyaux d'orgues, déposés dans la nef, photographie anonyme, juin 1918 (Paris, MAP).

4. Les grandes orgues et la tribune installées au revers de la façade occidentale.

Les orgues

En grande partie financées par Alphonse Lemire, valet de chambre de Charles VI et receveur des aides d'Amiens, et son épouse Massine de Hainaut, les orgues sont installées de 1422 à 1429 au revers de la façade occidentale – il n'en subsiste que la tribune en bois sculpté, de style gothique flamboyant. Le grand buffet date de 1549 et le positif de 1620. Restauré au XIXe siècle par le grand facteur Aristide Cavaillé-Coll (1811-1899), l'instrument fit l'objet d'une nouvelle intervention peu avant la Seconde Guerre mondiale ; le célèbre compositeur et organiste Marcel Dupré (1886-1971) l'inaugura le 15 mai 1938.

Les vitraux

Il ne reste plus aujourd'hui que de rares témoignages des vitraux médiévaux de la cathédrale. Selon les textes anciens, plusieurs ont été financés par les grandes familles nobles ou bourgeoises de la région qui composaient le chapitre et par les corporations de métier. Durant l'Ancien Régime, les réaménagements du XVIIIe siècle, au cours desquels un certain nombre de verrières furent sacrifiées, succédèrent à plusieurs catastrophes : pillage par les huguenots en 1561, ouragans de 1627 et de 1705, explosion d'un moulin à poudre en 1675. Enfin, en 1920, les vitraux déposés au cours de la Première Guerre mondiale disparurent dans l'incendie de l'atelier du peintre verrier Edmond Soccard, notamment ceux qui comptaient parmi les plus anciens de la cathédrale. Il s'agissait de deux œuvres, de 1250 environ, provenant de la chapelle d'axe : un vitrail consacré à l'Arbre de Jessé et une verrière s'étendant sur deux lancettes qui représentait certains épisodes des Actes des Apôtres.

1. Le revers septentrional du bras nord du transept avec ses deux étages vitrés et sa rose « des Vents », datant du XIVe siècle.

2. Le roi David, détail de l'Arbre de Jessé ornant la chapelle absidiale Saint-François-d'Assise, XIIIe siècle.

3-4. Figures des donateurs ornant la chapelle absidiale Sainte-Theudosie, par le maître verrier Gérente, 1854.

3

4

Quelques panneaux ont toutefois pu être sauvés et replacés dans la chapelle Saint-François-d'Assise. Il subsiste la verrière de la fenêtre haute dans l'axe de l'abside, offerte par l'évêque Bernard d'Abbeville en 1269. De façon quelque peu singulière, les deux lancettes représentent deux fois la même image, mais inversée, celle du prélat offrant le vitrail à la Vierge, patronne de la cathédrale. Des anges porteurs de couronnes surmontent les quatre figures à la silhouette démesurément allongée. Il reste également plusieurs panneaux dans le triforium du chevet qui appartiennent au programme primitif mais qui, de 1300 environ, sont donc un peu plus tardifs que la verrière d'axe. Un cortège réunit apôtres, saints évêques et, selon les descriptions antérieures aux destructions, patriarches, prophètes et saints du diocèse. Ces robustes personnages à l'aspect monumental, placés sur un fond clair pour rester perceptibles depuis le bas, se tournent vers le centre de l'abside où se trouve, sous la verrière de la Vierge, une Annonciation encadrée de saint Firmin et d'un évêque ; initialement à la place du prélat figurait saint Jean Baptiste.

Malgré ces vestiges et quelques autres panneaux du XIIIe siècle remployés et complétés dans la chapelle Sainte-Theudosie, l'essentiel de la vitrerie actuelle date donc du XIXe siècle. Le vitrail de sainte Theudosie fut réalisé en 1854 par Gérente et offert par Napoléon III ; le souverain, l'impératrice Eugénie, l'évêque d'Amiens et le pape Pie IX y apparaissent dans le registre inférieur.

Les vitraux non figuratifs de la chapelle du Sacré-Cœur furent réalisés en 1932-1934 par le maître verrier parisien Jean Gaudin sur les cartons du peintre Jacques Le Breton.

Trésor

Disparu en 1793, le trésor de la cathédrale fut peu à peu reconstitué au cours des XIXᵉ et XXᵉ siècles – essentiellement avec des pièces venues d'ailleurs – et aménagé dans une salle située à proximité de la sacristie, au sud du chevet.
L'objet le plus précieux est la couronne votive du Paraclet, conservée avant la Révolution à l'abbaye cistercienne du même nom, proche d'Amiens. Elle contient des reliques de la Passion, probablement offertes par le fondateur de ce monastère à son retour de Terre sainte. L'œuvre a dû être réalisée vers 1320-1340 par des orfèvres parisiens maîtrisant parfaitement la technique de l'émail✦ translucide de basse-taille. Les parties émaillées représentent, entre autres, des sujets profanes : chien poursuivant un lièvre ; animal fantastique à buste et tête de femme ; lapin devant un arbre ; monstre à tête de femme ; monstre jouant du rebec à tête d'homme et aux ailes de chauve-souris…

1. Châsse de saint Firmin.
———
Argent repoussé sur âme de bois, décor ciselé, cuivre doré, émaux champlevés, cabochons, filigranes, lettres en or sur fond d'émail bleu.

2. Ciboire d'exposition.
———
Argent repoussé doré, décor ciselé et gravé, argent mouluré doré.

3. Couronne reliquaire votive provenant de l'abbaye du Paraclet.
———
Argent repoussé doré, argent moulé doré, or, cabochons, gemmes, perles fines, émaux translucides et cristal.

La croix reliquaire émaillée du début du XIIIe siècle
et le vase reliquaire du milieu du XIVe siècle
– une coupe de cristal à douze pans enchâssée dans
une monture d'argent doré fermée par un couvercle
orné d'un émail vert – proviennent également
de l'abbaye du Paraclet.
Parmi les autres richesses du trésor, citons la châsse
de saint Firmin, œuvre mosane de 1236 offerte
en 1850 par le duc de Norfolk, mentor des familles
anglaises catholiques, qui donna également
le ciboire d'exposition en argent doré du XVIIIe siècle.
Le *Chef de saint Jean Baptiste,* reconstitution
du reliquaire détruit à la Révolution, fut réalisé
en 1876 par l'orfèvre parisien Poussielgue-Rusand
à partir de documents anciens et en réutilisant
le cristal de roche subsistant.
Citons encore une Vierge à l'Enfant du XVe siècle,
un calice du XVIe siècle, ainsi que quatre autres
calices et deux patènes des XVIIe et XVIIIe siècles.
Enfin, on peut voir la chasuble et la chape
de Mgr Louis François de la Mothe, évêque d'Amiens
à partir de 1734.

2

3

1

1. Crosse épiscopale de Mgr Boudinet par Poussielgue-Rusand (1868).

Argent doré, émaux et pierres fines.

2. Ostensoir par l'orfèvre lyonnais Joseph Armand-Calliat (1919).

Argent repoussé doré, argent moulé doré, cristal et or, émaux champlevés et cloisonnés, pierres précieuses.

3. Gobelet reliquaire (troisième quart du XIVe siècle) provenant de l'abbaye du Paraclet.

Argent repoussé doré, argent moulé doré, cristal de roche, grenats, perles fines et émail translucide vert.

4. Vierge à l'Enfant, Bruxelles (?), fin du XVe siècle.

Bois polychrome.

4

Histoire
7 Avant la cathédrale gothique
9 La cathédrale du XIIIe siècle
13 Les Temps modernes
15 Le temps des restaurations

Extérieur
21 Nef
33 Transept et chevet
37 Quartiers canonial et épiscopal

Intérieur
43 Nef
47 Transept et chevet
51 Décor et mobilier
83 Trésor

Annexes
89 Glossaire
92 Chronologie
94 Bibliographie

Glossaire

Abside
Extrémité du volume intérieur du chœur✦, de forme incurvée ou à pans.

Apostolique
Relatif aux apôtres ou au Saint-Siège.

Arcature
Suite de petits arcs portés par des colonnes ou des pilastres.

Arc-boutant
Arc de pierre appliqué à l'extérieur de l'édifice pour neutraliser la poussée des voûtes✦.

Arche d'alliance
Coffret où les Hébreux gardaient les Tables de la Loi.

Berceau brisé (voûte en)
Voûte dont le tracé est donné par la courbe d'un arc brisé.

Cardinal
Membre du Sacré Collège, électeur et conseiller du pape.

Cathédral
Qui appartient à l'évêché.

Cathédrale
Église principale d'un diocèse, où se trouve le siège liturgique – la cathèdre – de l'évêque✦.

Chanoine
Clerc assistant l'évêque✦ et assurant le service de la cathédrale. L'ensemble des chanoines forme le chapitre cathédral✦.

Chef
Du latin *caput* (tête), tête.

Chevet
Du latin *caput* (tête), ensemble des parties de l'édifice situées au-delà du transept✦.

Chœur
Partie de l'église occupée par les clercs – par les chanoines✦ s'il s'agit d'une cathédrale – et normalement interdite aux fidèles. Délimitée par le jubé✦ et une clôture, il abrite les stalles.

Collatéral ou bas-côté
Vaisseau latéral d'une nef✦, d'un transept✦ ou d'un chevet✦.

Collégiale
Église non cathédrale✦ possédant un chapitre de chanoines✦.

Concile de Trente
Concile tenu de 1545 à 1563 pour réformer l'Église catholique en réaction à la Réforme protestante.

Contrefort
Massif de maçonnerie saillant, généralement extérieur et perpendiculaire à un mur, servant à le renforcer.

Culée
Massif de maçonnerie situé au-dessus d'un contrefort✦ et destiné à maintenir les arcs-boutants✦.

Déambulatoire
Espace de circulation entourant l'abside✦ du chœur✦.

Dendrochronologie
Analyse des cernes du bois permettant la datation, notamment examen des vestiges des cintres laissés dans les maçonneries lors de la construction.

Ébrasement
Élargissement progressif d'une baie vers l'intérieur ou l'extérieur.

Page 86 : vue partielle de la façade occidentale à la hauteur de la galerie des Rois.

Ci-contre : intérieur de la cathédrale d'Amiens, par Jules Victor Génisson, deuxième quart du XIXᵉ siècle (Amiens, musée de Picardie).

Émail translucide de basse-taille
Émail translucide coloré appliqué sur un fond d'or ou d'argent gravé.

Évêque
Dignitaire ecclésiastique chargé de la conduite du diocèse.

Gâble
Élément architectural triangulaire qui couronne portails✦ ou fenêtres.

Gisant
Statue funéraire représentant le défunt étendu.

Hagiographie
Rédaction de la vie des saints.

Haut-relief
Sculpture dont les figures sont presque en ronde bosse, quasi indépendantes du fond.

Hôtel-Dieu
Hôpital. Au Moyen Âge, l'administration des hôpitaux était confiée à l'Église.

Huchier
Au Moyen Âge, menuisier.

Jouée
Côté latéral d'un ouvrage en menuiserie.

Jubé
Clôture monumentale séparant le chœur✦ liturgique de la nef✦, surmontée d'une galerie d'où se fait la lecture de l'épître et de l'évangile.

Lancette
Fenêtre ou élément de fenêtre simple terminé en arc brisé.

Maître-autel
Autel principal. Placé dans le sanctuaire✦, il abrite les reliques ; celui d'une cathédrale✦ est réservé à l'évêque✦ et au chapitre.

Maître d'œuvre
Responsable de la coordination des travaux dans différents corps de métier.

Maître maçon
Au Moyen Âge, architecte.

Miséricorde
Sorte de console placée sous le siège relevable d'une stalle. Elle permet à l'ecclésiastique, qui paraît être debout, de s'appuyer durant les longues cérémonies.

Linteau
Longue pierre horizontale posée sur les piédroits✦ d'une ouverture.

Nef
Partie longitudinale d'une église entre la façade et l'entrée du transept✦ ou du chevet✦.

Orfroi
Bordure brodée d'un vêtement.

Phylactère
Banderole aux extrémités enroulées portant la légende du sujet représenté.

Piédroit
Montant vertical d'un portail✦ ou d'une fenêtre.

Porche
Construction en saillie abritant la porte d'entrée.

Portail
Porte monumentale.

Quadrilobe
Motif décoratif formé de quatre arcs de cercle égaux et tangents.

Registre
Compartiment horizontal d'un ensemble sculpté ou peint.

Réseau
Ensemble des éléments rapportés dans une baie pour en diviser l'ouverture.

Rose
Grand vitrail circulaire.

Sacristie
Annexe de l'église où sont conservés les objets et vêtements nécessaires au culte et où le prêtre se prépare avant l'office.

Sanctuaire
Partie de l'édifice abritant l'autel majeur.

Stigmate
Plaie reproduisant l'une des blessures de Jésus crucifié.

Tabernacle
Petite armoire placée sur l'autel ou encastrée dans le mur du chœur✦, dans laquelle est conservée l'eucharistie.

Le Christ (détail), tympan du portail du Jugement dernier, dit « du Beau Dieu ».

Transept
Vaisseau transversal formant une croix avec la nef✦ longitudinale de l'église. Il comprend deux bras et, souvent, une croisée à l'intersection des deux vaisseaux.

Triforium
Galerie de faible hauteur ménagée dans l'épaisseur du mur et ouvrant sur le haut vaisseau.

Trumeau
Pilier partageant en deux parties l'ouverture d'un portail✦.

Tympan
Surface comprise entre le linteau✦ et l'arc qui surmonte le portail✦.

Voussure
Arc d'encadrement d'un portail✦.

Voûte
Ouvrage de maçonnerie cintrée couvrant un espace entre des appuis.

Chronologie

Les origines

- 334 Baptême de saint Martin à Amiens.
- 346 Première mention d'un évêque (Eulogius) à Amiens.
- 407 Disparition des premières fondations chrétiennes, lors des invasions.
- 511 Attestation d'un nouvel évêque (Ebidus) à Amiens par les textes.
- 1137-1152 Construction de la cathédrale romane.
- 1193 Célébration dans la cathédrale des noces de Philippe Auguste et de la princesse danoise Ingeburge.
- 1206 Arrivée dans la cathédrale du chef de saint Jean Baptiste pris à Constantinople.
- 1218 Destruction de la cathédrale par un incendie.

La cathédrale gothique

- 1220 Pose de la première pierre par l'évêque Évrard de Fouilloy.
- 1240 Achèvement probable de la nef.
- 1269 Don par l'évêque Bernard d'Abbeville de la verrière d'axe du haut vaisseau du chevet alors probablement achevé.
- 1284-1285 Pose de la charpente du chevet.
- 1293-1298 Pose de la charpente du transept.
- 1300-1305 Pose de la charpente de la nef.
- 1373-1375 Fondation des chapelles Saint-Jean-Baptiste et Saint-Jean-l'Évangéliste et réalisation du Beau Pilier par le cardinal Jean de la Grange.
- 1389 Fondation de la confrérie du Puy Notre-Dame.
- 1422-1429 Construction de l'orgue au revers de la façade.
- 1490 Début de la réalisation du pourtour du chœur.
- 1498 Pose d'un chaînage en fer d'Espagne dans le triforium.
- 1508-1519 Pose des stalles.

1

XIXe–XXIe siècle

- 1802 Rétablissement du culte dans la cathédrale.
- 1805 Premiers grands travaux de restauration.
- 1810 L'architecte Étienne Hyppolyte Godde est chargé de l'édifice.
- 1820 L'architecte François Auguste Cheussey succède à Godde.
- 1849-1874 Eugène Viollet-le-Duc dirige les travaux de restauration de la cathédrale.
- 1854 Inauguration le 12 octobre de la chapelle Sainte-Theudosie en présence de Napoléon III et de l'impératrice Eugénie.
- 1920 Destruction d'une partie des vitraux déposés lors de la Première Guerre mondiale dans l'atelier du maître verrier Soccard.
- 1973-1980 Restauration complète de la flèche.
- 1980 Dépose de la *Vierge dorée*.
- 1981 La cathédrale est classée au patrimoine mondial de l'humanité par l'Unesco.
- 2001 Achèvement de la restauration de la façade occidentale.

Les Temps modernes

- 1528 Destruction de la flèche par la foudre.
- 1723 Les tableaux de la confrérie du Puy Notre-Dame sont retirés.
- 1755 Destruction du jubé.
- 1766-1768 Nouvelle décoration du sanctuaire.
- 1793-1794 Destruction d'une partie du mobilier. Transformation d'une partie de la cathédrale en magasin pour les accessoires des fêtes publiques.

1. Détail d'un roi de Juda, voussure du portail de la Vierge, dit « de la Mère Dieu ».

2. Vue partielle de la galerie des Rois de la façade occidentale.

Deux des vingt-deux statues, hautes de 3,75 mètres, après travaux de restauration au tout début du XXIe siècle.

Bibliographie

Malgré sa date ancienne, l'étude fondamentale de la cathédrale reste celle de l'ancien archiviste de la Somme, Georges Durand, « Monographie de l'église cathédrale d'Amiens », in *Mémoires de la Société des antiquaires de Picardie*, 2 vol., 1901 et 1903.

Baron (Françoise)
« Mort et résurrection du jubé de la cathédrale d'Amiens », *Revue de l'art*, 87, 1990, p. 29-41.

Bruna (Denis)
« La marchande d'enseignes de pèlerinage des stalles de la cathédrale d'Amiens », *Bulletin de la Société nationale des antiquaires de France*, 1994, p. 199-206.

Cappronier (Jean-Charles) et Pontroué (Pierre-Marie)
La Cathédrale Notre-Dame d'Amiens. Somme, Inventaire général de Picardie, coll. « Itinéraires du patrimoine », n° 138, 1997.

Erlande-Brandenburg (Alain)
« La façade de la cathédrale d'Amiens », *Bulletin monumental*, 135, 1977, p. 253-294.
La Cathédrale d'Amiens, Paris, CNMHS, coll. « Petites notes sur les grands édifices », 1982.

Kimpel (Dieter)
« Le développement de la taille en série dans l'architecture médiévale et son rôle dans l'histoire économique », *Bulletin monumental*, 139, 1977, p. 195-222.
« Reims et Amiens. Étude comparative des chantiers », in *Artistes, artisans et production artistique du Moyen Âge*, Paris, Picard, 1987, vol. II, p. 349-363.

Kimpel (Dieter) et Suckale (Robert)
« Die Skulpturenwerkstatt der Vierge Dorée am Honoratusportal der Kathedrale von Amiens », *Zeitschrift für Kunstgeschichte*, 36, 1973, p. 217-265.

Knipping (Detlef)
« Die Chorschranke der Kathedrale von Amiens und ihre Rolle in Liturgie und Reliquienkult », *Gesta*, XXXVIII/2, 1999, p. 171-188.

Murray (Stephen)
« Looking for Robert de Luzarches », *Gesta*, XIX/1, 1990, p. 111-131.
Notre-Dame Cathedral of Amiens. The Power of Change in Gothic, Cambridge (Mass.), 1996.

Prache (Anne)
« Les récentes datations de monuments gothiques par la dendrochronologie », *Bulletin de la Société nationale des antiquaires de France*, 1995, p. 302-305.

Sauerländer (Willibald)
La Sculpture gothique en France, 1140-1270, Paris, Flammarion, 1972.

La Cathédrale d'Amiens, catalogue d'exposition, Amiens, musée de Picardie, 1980.

Arrestation de saint Firmin (clôture sud du chœur). Au fond, la façade occidentale de la cathédrale et, sur la croisée du transept, le clocher disparu dans l'incendie de 1528.

Coordination éditoriale ....
.... **Vincent Bouvet**
Coordination iconographique ....
.... **Claude Malécot**
Plans de couverture ....
.... **Michel Berget**
Suivi de fabrication ....
.... **Carine Merse**
Couverture ....
.... **Atelier de création graphique, Paris**
Conception graphique ....
.... **Delfe, Paris**
Photogravure ....
.... **Scann'Ouest, Saint-Aignan-de-Grand-Lieu**
Impression ....
.... **Néo-Typo, Besançon, France**

Dépôt légal .... novembre 2003

Toutes les photographies récentes sont de Patrick Müller/CMN, sauf :
Amiens, musée de Picardie, Marc Jeanneteau : 13, 39, 88
Inventaire général Picardie/ADAGP, Laurent Jumel et Irwin Leullier : 78b ; Thierry Lefébure : 68 ; Thierry Lefébure et Pierre-Yves Brest : 69 ; Irwin Leullier : 16
Paris, BNF : 70
Paris, CMN, Patrick Cadet : 15h ; Gaël Clariana : 17 ; Alain Lonchampt : 62, 78h, 94 ; René-Jacques : 65 ; Étienne Revault : 4, 38, 71
Paris, MAP, Archives photographiques/CMN : 80h
Paris, RMN, C. Jean : 76
Toutes les vues anciennes sont issues des collections des Archives photographiques de la Médiathèque de l'architecture et du patrimoine (MAP), sauf la reproduction Philippe Berthé/CMN : 11.

© Centre des monuments nationaux
Monum, Éditions du patrimoine, Paris, 2003
ISBN : 2-85822-723-3